Brigitte *Puppenmode*

Brigitte
Puppenmode

6 Puppen
und
70 Puppen-
kleider
zum
Selbermachen
von
Gundi Heine
und
Jutta Barthel

Ein Brigitte-Buch
im Mosaik Verlag

INHALT

7 Vorwort

Puppenkleider von heute
(ca. 40 cm)
12 Blümchenkleid, Karokleid und Schürze
15 Nachthemd
16 Trachtenkombination und Rüschenrock
20 Bluse und Unterhose
23 Plüschmantel und Hose

Für die große Babypuppe
(ca. 55 cm)
26 Steckkissen
29 Unterhemd mit Spitze
31 Ausfahrgarnitur
35 Bluse und Hose
39 Langes Kleid
42 Strickanzug

Babypuppen international
(ca. 40 cm)
48 Kimono und afrikanischer Anzug
51 Strampelsack und Lätzchen
54 Hemdjacke und Hose
56 Matrosenanzug mit Hut
58 Strickgarnitur
63 Festkleid und Häubchen

Herausgeber: Peter Brasch
Lektorat: Marita Heinz
Gestaltung:
Dietmar Meyer,
Ekkhart Blunck,
Rainer Sennewald
Fotos:
Rudolf Maria Nüttgens
Illustrationen:
Sabine Wilharm
Schnitt- und Stickvorlagen:
Helga Aßhauer
Strickanleitungen:
E. Lutze
Satz: Utesch Satztechnik GmbH, Hamburg
Lithografie: Type + Litho Sakhuth, Hamburg
Produktion:
Jürgen Schmidt,
Druckzentrale G+J
Druck: Mohndruck,
Graphische Betriebe GmbH, Gütersloh
Copyright 1986: Mosaik Verlag GmbH, München
Gruner + Jahr AG & Co., Hamburg/5432
Printed in Germany
ISBN 3-570-01790-7

Kleine Puppen zum Liebhaben
(ca. 30 cm)
- 68 Getupftes Kleid
- 69 Gestreiftes Kleid
- 72 Sepplhose, Trachtenjacke und Bluse

Puppenkleider von Anno dazumal
(ca. 40 cm)
- 76 Batistkleid
- 80 Spitzenkleid und Matrosenanzug
- 86 Trägerrock und Bluse
- 89 Blümchenkleider
- 92 Zweiteiliges Kleid
- 95 Nachthemd
- 98 Unterkleid

Für Puppen wie Annie und Till
(ca. 55 bis 50 cm)
- 100 Baumwollhemden und Unterhose
- 105 Hamburger Mäntel
- 111 Matrosenkleid für Annie
- 113 Matrosenanzug für Till

Stoffpuppen zum Selbernähen
(ca. 30 cm)
- 117 Stoffpuppe und Unterwäsche
- 119 Kleider für die ganze Familie

Puppen zum Selberstricken
(ca. 30 cm)
- 124 Gestrickte Puppe mit Unterwäsche
- 130 Kleid mit Passe

Puppe so groß wie ein Kind
(ca. 80 cm)
- 132 Puppe
- 136 Puppenkleid

Aus alten Sachen schnell genäht
- 138 Aus Stoffresten und Waschleder
- 141 Aus Baby-Unterwäsche
- 142 Aus alten Stricksachen
- 146 Aus Taschentüchern
- 149 Aus einer Jacke und Strümpfen

152 Biegepüppchen für die Puppenstube

158 Technische Hinweise und Quellenverzeichnis

Gundi Heine
– hier mit ihrer Tochter Anna – ist verantwortlich für die Kindermode in der Brigitte. Seit 1981 entwirft sie außerdem jedes Jahr eine neue Brigitte-Puppe und die passende Kleidung dazu. Als Vorbild dienen meistens antike Puppen, die es kaum noch (oder sehr teuer) zu kaufen gibt. Auf die Idee kam Gundi Heine durch die schönen alten Puppen, die ihre Mutter aus ihrer Kindheit aufbewahrt hatte. Seitdem ist sie selbst begeisterte Puppensammlerin.

Jutta Barthel
– mit ihrem Sohn Vincent – ist Brigitte-Redakteurin und hat mit Gundi Heine bereits die Bücher „Kindersachen selbstgemacht 1 + 2" geschrieben. Mit ihrer eigenen Puppe begann schon früh das Interesse am Nähen und an der Mode: Anfangs bekam die Lieblingspuppe Jahr für Jahr ein neues Kleid als Weihnachtsgeschenk von der Mutter (wie das pelzbesetzte Eislaufkostüm ganz rechts auf dem Foto). Später entwarf und nähte Jutta Bartel mit viel Spaß alle Puppensachen selbst.

Vorwort

Puppen werden von klein und groß geliebt: Kinder spielen mit ihnen, und für viele Erwachsene sind sie ein Stück Erinnerung oder ein wertvolles Sammelobjekt. Puppen gibt es in allen Variationen – das wichtigste aber sind ihre Kleider: Puppen an- und auszuziehen, zu verkleiden, zu schmücken, das macht Spaß; und selber für sie zu nähen, regt zu immer neuer Kreativität an.
In diesem Buch finden Sie die schönsten Puppenkleider, die in „Brigitte" vorgestellt wurden: vom einfachen Babyhemd bis zum Festkleid, von der Bluse bis zum Matrosenanzug, vom Hut bis zum Mantel, vom Steckkissen bis zur Strickgarnitur. Jedes Kapitel zeigt eine umfangreiche Garderobe für so gut wie alle Puppen, die Sie neu oder alt kaufen können.
Darüber hinaus gibt es weiche Puppen zum Selbermachen. Sie werden genäht oder gestrickt – und sind so richtig zum Liebhaben!
Außerdem viele Tips und Anleitungen dafür, wie Sie aus alten Sachen schnell etwas Neues nähen oder lustige Biegepüppchen für die Puppenstube basteln können. Anregungen und Ideen also

in Hülle und Fülle (auch zum Verschenken) für alle, die Spaß an Puppen und Puppenkleidern haben. Bevor Sie anfangen, noch ein paar technische Tips:

Das Nähen ist nicht schwer.
Auch wenn Sie keine Ahnung vom Schneidern haben, können Sie sich an diese Puppensachen wagen. Es ist wirklich einfach, ein so kleines Kleid anzufertigen – auch ohne Nähmaschine: ein Stückchen Stoff, ein hübscher Schnitt, ein paar Nähte, etwas Spitze oder eine Rüsche – und fertig ist das schönste Modell!

Es kommt dabei weder auf perfekte Paßform noch Genauigkeit bei der Verarbeitung an. Puppenkleider werden kaum strapaziert und wenig gewaschen – es sei denn, sie gehören der Lieblingspuppe Ihres Kindes. Sie können deshalb auf aufwendige Innenverarbeitung, exakten Sitz oder komplizierte Verschlüsse verzichten und ruhig ein bißchen improvisieren.

Die Schnitte sind variabel.
Alle Schnitte sind auf ein Raster gezeichnet, das im Original 2 cm große Karos hat. Wenn Sie mehrere Sachen nähen wollen, lohnt es sich, für die Anfertigung der Schnitte dieses Raster einmal ganz deutlich auf

ein großes Stück Pappe zu zeichnen.
Darüber können Sie dann jeweils dünnes Seidenpapier legen, auf das Sie die verschiedenen Schnittkonturen übertragen.
Das Raster hat einen ganz besonderen Vorteil: Mit ihm läßt sich der Schnitt im Handumdrehen verkleinern oder vergrößern. Angenommen, Ihre Puppe ist 20 cm groß. Der Schnitt, den Sie gern hätten, ist aber für eine 40 cm große Puppe gemacht. In diesem Falle brauchen Sie die Rasterkaros nur zu halbieren – und der Schnitt hat das richtige Format. Sie können auch dritteln oder verdoppeln, je nachdem, was Sie benötigen. Diese Mühe lohnt sich jedoch nur bei besonders großen Längen-Unterschieden. Alle Schnitte sind so bemessen, daß sie eine Differenz bis zu 5 cm spielend überbrücken. Am besten vergleichen Sie vor dem Nähen die Maße Ihrer Puppe mit denen des Schnitts. Mehr technische Tips finden Sie auf Seite 159.

Puppenkleider von heute

Hier finden Sie ganz moderne Puppensachen, vom Kleid bis zum Mantel, von der Strickjacke bis zur Kniebundhose. Für alle Modelle gibt es einfache Schnitte, die sich aus den verschiedensten Stoffen nachnähen und leicht abwandeln lassen. Ein neuer Kragen, eine Rüsche am Saum – und schon wirkt das Kleid ganz anders. Ein bißchen Romantik gehört dazu: Es sieht besonders hübsch aus, wenn unter den Sachen ein spitzenbesetzter Unterrock oder eine altmodische Unterhose hervorschauen.

Alle Schnitte dieses Kapitels passen Puppen von ca. 40 cm Größe.

1
Blümchenkleid

Blümchenkleid, Karokleid und Schürze

Das Kleid hat einen einfachen Schnitt mit Passe und angekraustem Rock. Es wird im Rücken geschlossen und sieht auch aus geblümten, gestreiften oder einfarbigen Stoffen hübsch aus (wie auf Seite 10). Hier schmückt eine Spitzenborte den Halsausschnitt – es kann aber auch ein kleiner Kragen angenäht werden. Die Schürze fällt am schönsten, wenn Sie sie aus duftigem Tupfenmull oder feinem Batist nähen. Statt der Rüschen können Sie auch Spitzen ansetzen. Unter dem Ganzen wird hier eine Unterhose aus feinem Baumwollstoff getragen. Die spitzenbesetzten Hosenbeine gucken unter dem Kleid hervor (Anleitung auf Seite 22).

ANLEITUNGEN

Kleid
Material: 60 x 40 cm karierter Baumwollflanell oder ein geblümter Stoff; 50 cm schmale weiße Baumwollspitze; Druckknöpfe; Hutgummiband.

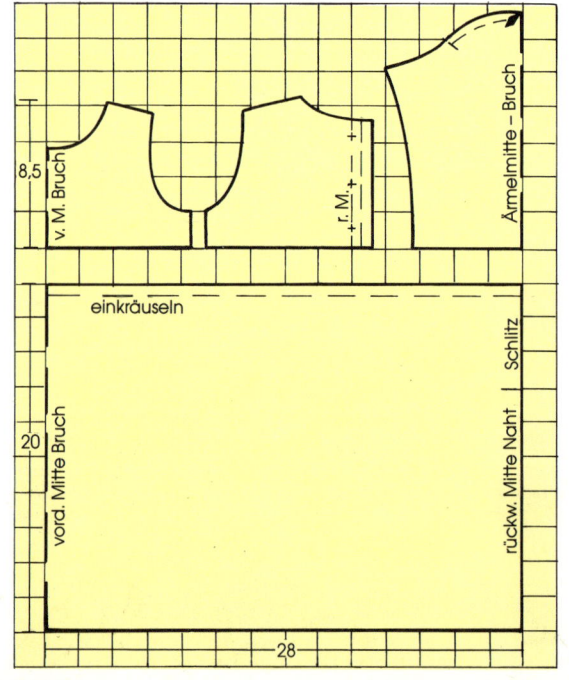

Kleid

Nähen: Die Schnitteile mit 1 cm breiten Nahtzugaben zuschneiden. Die Schulternähte steppen. Die Armkugeln einkräuseln und die Ärmel einsetzen. Die Spitze an die Ärmellängen steppen, die Nahtzugaben schmal einkippen und steppfußbreit neben der Ansatzkante festnähen. Das Hutgummi in die entstandenen Tunnel einziehen. Die Ärmel- und die Passenseitennähte schließen, dabei die Gummibandenden gut befestigen. Die restliche Spitze für den Halsausschnitt einkräuseln. Die gekräuselte Spitze von der rechten Seite auf den Ausschnitt heften und die Schnittkanten mit weißem dünnem Stoff schmal einfassen. Die rückwärtige Rocknaht bis zum Querzeichen schließen. Die obere Rockkante auf Passenweite einkräuseln. Den Rock an das Oberteil steppen, die Nahtzugaben in die Passe kippen und die Ansatznaht knappkantig absteppen. Den rückwärtigen Schlitz mit Druckknöpfen schließen. Den Saum umsteppen, eventuell Fältchen darüber einlegen.

Schürze

Material: 60 x 50 cm weißer Baumwollbatist mit Tupfen; Druckknöpfe.
Nähen: Die Passenteile doppelt mit 1 cm breiten Nahtzugaben, Rock und Ärmelrüschen einfach zuschneiden. Für die Rockrüsche einen 90 cm langen und 5,5 cm breiten geraden Streifen zuschneiden. Die Schulternähte in beiden Passenteilen steppen und die rückwärtigen Kanten und die Ausschnittkanten verstürzen. Die geraden Seiten der Ärmelrüschen nahtbreit umlegen

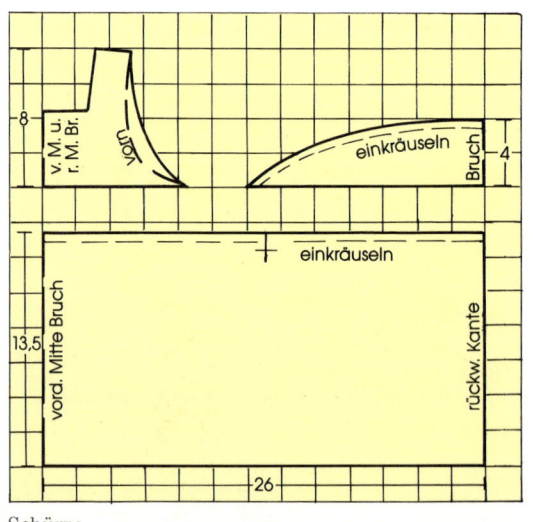

Schürze

und den Bruch mit Zickzackstichen überkanteln. Die überstehenden Nahtzugaben wegschneiden. Die runden Seiten einkräuseln. Die Rüschen in die Armlöcher steppen. Die obere Rockkante auf Passenweite einkräuseln, den Rock an die Passe steppen, dabei treffen die unteren Ärmelrüschenkanten zusammen. Die rückwärtigen Rockkanten steppfußbreit umsteppen. Eine Seite der Rockrüsche wie bei den Ärmelrüschen versäubern. Die andere Seite 1,5 cm breit umbügeln und die Kante bei 1 cm Breite einkräuseln. Die Rüsche in der Kräusellinie auf die untere Rockkante steppen.

2 Nachthemd
(Foto Seite 15)

Das Nachthemd entsteht nach dem gleichen Schnitt wie das Blümchenkleid (auf Seite 10). Als Blickfang sind an der Passennaht, am Ausschnitt, an den Ärmeln und am Saum schmale Spitzen angenäht.

3 Trachtenkombination und Rüschenrock
(Foto Seite 19)

Hier sind genähte und gestrickte Sachen harmonisch aufeinander abgestimmt. Alles paßt farblich zusammen und kann auch mit dem Mantel (von Seite 24) kombiniert werden. Der Rüschenrock ist schnell genäht. Etwas mehr Arbeit machen die gestrickte Trachtenjacke, die Mütze und die modischen Strickstulpen. Die Blümchen werden mit Stickwolle aufgestickt.
Tip: Wer nicht so gern strickt, kann diese Modelle auch aus alten Stricksachen nähen und besticken. Mehr darüber ab Seite 139.
Unter der Strickjacke versteckt sich eine weiße Baumwollbluse, die Sie nach dem Schnitt auf Seite 22 selber nähen können.

ANLEITUNGEN

Trachtenkombination
Material: 100 g naturfarbene Wolle (Lauflänge 110 m/50 g); bunte Wolle zum Besticken; Stricknadeln Nr. 3 und 1 Nadelspiel Nr. 3; 4 Herzknöpfe, 1,2 cm Ø.

Grundmuster: glatt re. (Hinr. re., Rückr. li., in Runden nur re.).
Maschenprobe: 19 M. in der Breite und 26 R. in der Höhe ergeben 10 cm im Quadrat.
Jacke: 64 M. anschlagen (Rücken- und Vorderteile werden in einem Stück gestrickt) und zunächst für die Blende 1,5 cm kraus re. (Hinr. re., Rückr. re.) stricken. Dann im Grundmuster weiterarbeiten, gleichzeitig für die vorderen Blenden beidseitig die äußeren 4 M. weiter kraus re. stricken. In 3,5 cm Gesamth. für den Durchzug eine Lochreihe einarbeiten. Dafür in einer Hinr. vor jeder 8. M. 1 Umschl. aufnehmen, jede 5. und 6. M. re. zus.-str., dann wie gewohnt weiterarbeiten. Dabei in die rechte Blende in 4,5 cm Gesamth. 1 Knopfloch einarbeiten. Dafür die 2. und 3. M. von außen re. zus.stricken, 1 Umschl. aufnehmen. Noch 3 weitere Knopflöcher jeweils im Abstand von 2,5 cm genauso ausführen. Gleichzeitig in 9 cm Gesamth. die Arbeit in Rücken- und Vorderteile teilen, d. h. beidseitig die äußeren 17 M. auf Hilfsnadeln stilllegen, mit den mittl. 30 M. zunächst den Rücken beenden. Dabei für die Armausschnitte beidseitig je 4 M. abketten, gerade weiterstricken. In 16 cm Gesamth. die übrigen M. abketten. Nun ein Vorderteil beenden. Für den Armausschnitt 4 M. abketten und gerade weiterarbeiten. In 13,5 cm Gesamth. für den vorderen Halsausschnitt 4 M. und weiter in jeder 2. R. 1mal 2 M., 1mal 1 M., dann für die Schulter die übrigen 6 M. abketten. Das zweite Vorderteil gegengleich beenden. Ärmel: 20 M. anschlagen und zunächst für die Blende 1,5 cm kraus re. stricken. Dann im Grundmuster weiterarbeiten. Dabei für die Weite 4mal in jeder 4. R. beidseitig je 1 M. zunehmen. In 11 cm Gesamth. die M. abketten. Den zweiten Ärmel genauso stricken.

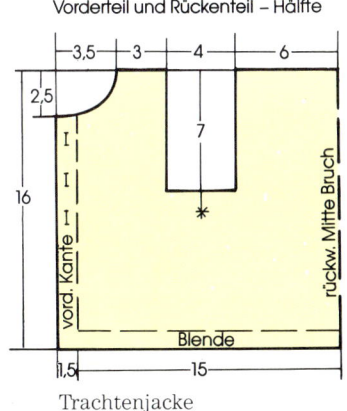

Trachtenjacke

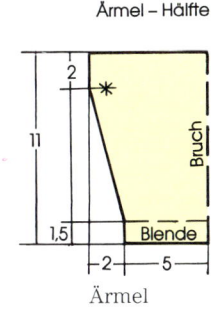

Ärmel

Ausarbeitung: Die Schulter- und Ärmelnähte bis ∗ schließen.
Die Ärmel ∗ an ∗ einnähen. Eine 50 cm lange Kordel drehen und in den Durchzug ziehen. Die Knöpfe annähen. Bunte Blümchen über die ganze Jacke verstreut aufsticken (s. Zeichnung).
Mütze: 44 M. (11 M. je Nadel) mit dem Nadelspiel anschlagen, zur Rd. schließen und zunächst für den Mützenrand 5 cm im Rippenmuster (1 M. re., 1 M. li. im Wechsel) stricken. Dann im Grundmuster weiterarbeiten. In 8 cm Gesamth. mit den Abnahmen für die Kopfform beginnen. Dafür in der folg. und jeder weiteren Runde stets bei allen 4 Nadeln die letzten 2 M. re. zus.str. Die restl. 4 M. mit dem Endfaden zusammenziehen. Bunte Blümchen aufsticken.
Stulpen: Jeweils 24 M. (6 M. je Nadel) anschlagen und in Rd. zunächst 3 cm im Rippenmuster (1 M. re., 1 M. li. im Wechsel) stricken. Dann im Grundmuster weiterarbeiten. Ab 7 cm Gesamth. wieder im Rippenmuster stricken. In 10 cm Gesamth. die M. abketten. Bunte Blümchen auf die glatt re. gestrickte Fläche sticken.

Rüschenrock

Material: Geblümte weiche Stoffreste in Blau und Rosa; 25 cm Gummiband, 1 cm breit.
Nähen: Einen 50 cm langen und 16 cm breiten blauen Streifen zuschneiden. Die rückwärtige Rocknaht schließen. Die obere Kante 2 cm breit nach innen umlegen und knappkantig und 1,5 cm breit für den Gummizug durchsteppen. Gummiband einziehen. Die untere Rockkante bei 12 cm Länge umheften und knappkantig absteppen. Für die Rüsche einen 80 cm langen und 4 cm breiten geraden Streifen in Rosa zuschneiden. Eine Seite des Streifens mit Zickzackstichen versäubern, die andere Seite einkräuseln. Die Rüsche so unter die Rockkante stecken, daß sie 2 cm breit sichtbar wird. Die Rüsche 1,3 cm von der Rockkante entfernt feststeppen.

Stickblume in Originalgröße

4 Bluse und Unterhose

Zwei wichtige Sachen zum Kombinieren sind Bluse und Unterhose. Beides wird aus weißem Baumwollstoff genäht und mit Spitzen geschmückt. Die Bluse wird im Rücken geknöpft. Der Schnitt für die Hose ist auf Seite 25.

Bluse

Material: 30 x 50 cm weißer Batist. 25 cm schmale, weiße Baumwoll-Lochspitze; Druckknöpfe und schmales Gummiband.

Nähen: Die Schnitteile mit 1 cm breiter Nahtzugabe zuschneiden. Die Schulternähte schließen. Die oberen Armkugeln einkräuseln und die Ärmel ◇ an die Schulternähte in die Armlöcher steppen. An die Ärmellängen Lochspitze steppen, die Nahtzugabe einkippen und feststeppen. In diese Tunnel Gummiband einziehen. Die Ärmel- und Seitennähte in einem Arbeitsgang schließen, dabei die Gummiband-

Bluse und Unterhose

enden gut befestigen. Die Blusenlänge und die rückwärtigen Kanten umsteppen. Die Halsausschnittkante auf 16 cm Weite einkräuseln. Die Lochspitze ebenfalls auf 16 cm Weite einkräuseln. Die Spitze von rechts auf die Halsausschnittkante stecken und die Schnittkanten mit einem weißen Streifen schmal einfassen. Die Bluse mit Druckknöpfen schließen.

Unterhose
Material: 50 x 20 cm weißer Baumwollstoff; 40 cm schmale Baumwollspitze und Gummiband.
Nähen: Die Hose nach dem Schnitt auf Seite 25 zuschneiden. Auf die Hosenbeinlängen die Baumwollspitze mit Zickzackstichen aufkanteln. Gummiband gedehnt unter die Hosenkanten steppen. Die inneren Beinnähte und die Hosenmittelnaht (Schrittnaht) schließen. Die obere Hosenkante schmal umsteppen. Gummiband in die Kante ziehen.

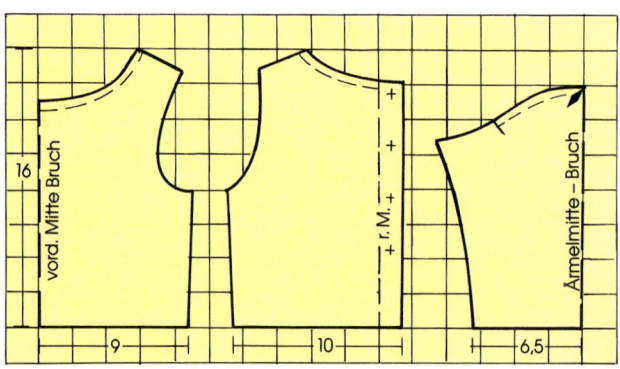

Bluse

Plüschmantel und Hose
(Foto Seite 24)

Dieser Mantel hat eine geblümte Passe. Er kann – statt aus Plüsch – auch aus einem Stoff genäht werden (siehe Titelfoto). Der Mantel ist an den Kanten mit farblich passendem Band versäubert. Hübsch sieht auch ein Schrägstreifen aus dem Blümchenstoff der Passe aus. Besonders niedlich: die Entenknöpfe. Unter dem Mantel wird eine Kniebundhose getragen. Dafür eignen sich alle Wollstoffe – ob kariert, gestreift oder einfarbig. Ganz zünftig dafür sind Loden- oder Lederreste. Der Hosenschnitt ist so variabel, daß Sie danach auch lange Hosen, Shorts oder sogar Unterhosen nähen können. Die Kniestrümpfe gibt's fertig zu kaufen. Sie können sie aber auch selber nähen (siehe Tips ab Seite 139).

ANLEITUNGEN

Mantel
Material: 60 x 50 cm Teddystoff; 1 Rest Blümchenstoff; schmales farblich passendes Band; 2 Knöpfe.
Nähen: Die Schnitteile mit 1 cm breiter Nahtzugabe zuschneiden. Die Passenteile zusätzlich aus Blümchenstoff zuschneiden. Die

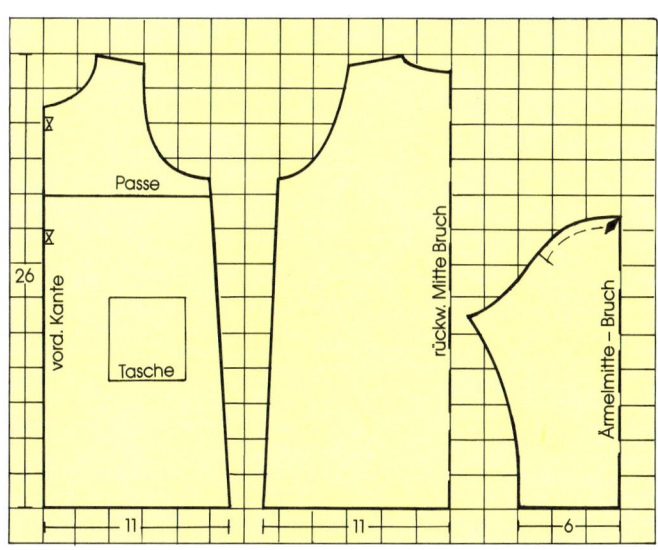

Plüschmantel

Schulternähte schließen. Die Nahtzugaben knappkantig flach steppen. Die Armkugeln einkräuseln und die Ärmel einsteppen, dabei ◇ an Schulternähte und die Querzeichen aneinandertreffen lassen. Die Ärmelsäume umsteppen. Danach die Ärmel- und Seitennähte schließen. Die vorderen Kanten und den Mantelsaum schmal umheften und das farblich passende Band von innen gegen die Kanten säumen. Die Halsausschnittkante mit dem Teddystoff 1 cm breit einfassen. Bei × an die rechte vordere Kante 2 Schlingen nähen. Die Taschenkanten mit Zickzackstichen abkanten und aufsteppen. Die Blümchenpasse mit der Hand auf den Mantel nähen.

Hose

Material: Loden- oder Lederreste; Perlondruckknöpfe oder Haken und Ösen.

Nähen: Das Schnitteil zweimal mit 1 cm breiter Nahtzugabe zuschneiden. Für die Bündchenstreifen je 1,5 cm breite Streifen mit einer Zackenschere zuschneiden. Die unteren Hosenbeinlängen auf 14 cm Weite einhalten und die Bündchenstreifen neben den Zackenkanten auf die Längen steppen. Nun die inneren Beinnähte schließen und danach die Hosenmittelnaht (Schrittnaht) bis zum rückwärtigen Schlitzquerzeichen steppen. Die obere Hosenkante auf 25 cm Weite einhalten und den Bündchenstreifen wie die Kniebündchen aufsteppen. Die rechte Schlitzkante umsteppen und den Verschluß mit Druckknöpfen oder Haken und Ösen schließen.

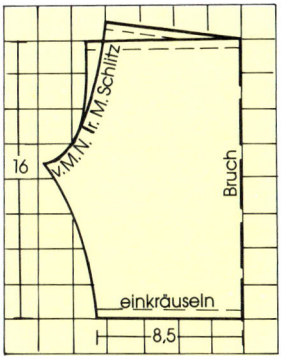

Hose

Für die große Babypuppe

Diese fast lebensgroßen Puppen von rund 55 cm Länge können neben selbstgenähten Puppensachen auch echte Babysachen tragen – was kleinen Puppenmüttern besonders viel Freude macht. Steckkissen, Bluse, Hose, Jacke, Mütze, Schuhe, Unterhemd und Festkleid ergeben eine komplette Grundgarderobe. Am schönsten dafür: feingemusterte, leichte Stoffe oder weißer Batist. Alles eignet sich auch für neugeborene Babys – bis auf die Hosen: Da wird für das Windelpaket mehr Weite benötigt.

6

Steckkissen

6 Steckkissen

Darin ist die Babypuppe hübsch aufgehoben. So verpackt kann sie auch mit auf Reisen gehen oder mal woanders übernachten. Der Schnitt ist so einfach, daß Sie dafür kein Schnittschema brauchen. Die Größe läßt sich auf die jeweilige Puppe abstimmen – im Zweifelsfall ist das Steckkissen eben ein bißchen zu groß.
Die hier angegebenen Maße reichen auch für neugeborene Babys.

ANLEITUNG

Material: 125 cm gestreifter und 45 cm geblümter Baumwollstoff, beide 90 cm breit; 40 cm Schaumstoffvlies, 140 cm breit.
Nähen: Für das Steckkissen gibt es kein Schnittschema. Es ist 125 cm lang, 40 cm breit und wird an der oberen Kante abgerundet (siehe Foto). Das Kissen zweimal aus gestreiftem Stoff und einmal aus Schaumstoffvlies mit 1 cm breiten Nahtzugaben zuschneiden. Für die Rüschen sechs 90 cm lange und 5 cm breite gerade Streifen zuschneiden. Aus dem Rest zwölf 20 cm lange und 2,5 cm breite Streifen für die Bänder zuschneiden. Die Vlieseinlage unter den Oberstoff legen und am Rand durchheften. Folgende Linien markieren: die 2,5 cm breite Blende am oberen Deckenrand und 44 cm tiefer den Umbruch für die Decke. Für die Rüsche zwei von den sechs Streifen auf 80 cm und einen Streifen auf 70 cm Länge kürzen. Die beiden 80 cm langen Streifen kommen an die Kanten der hochgeschlagenen Decke. Der 70 cm

Alle Schnitte dieses Kapitels passen Puppen von ca. 55 cm Größe. Achtung: Babypuppen sind meistens dicker als andere Puppen in vergleichbarer Größe! Ab Seite 48 folgen Kleider für kleinere Babypuppen von ca. 40 cm Größe.

lange Streifen ist für die Querrüsche bestimmt. Die übrigen drei Streifen rechts auf rechts mit knapper Nahtzugabe zusammensteppen. An die beiden Enden die kürzeren (80 cm langen) Streifen links an rechts steppen. Nun an einer Seite den Streifen einkräuseln. Die andere Längsseite nahtbreit umbügeln, die Kante mit schmalen, engen Zickzackstichen abkanteln und die überstehende Nahtzugabe bis zur Kantellinie wegschneiden. Die Rüsche ab Blendenbruch rechts auf links auf den Oberstoff stecken. (Ab Umbruch liegt die Rüsche rechts auf rechts auf dem Stoff.) Nun die zweite Stofflage rechts auf rechts auf das Steckkissen legen und nahtbreit an der Kante entlangsteppen (die Rüsche liegt dazwischen). Das Kissen wenden. Jetzt die Querrüsche so auf die Decke stecken, daß noch eine 2,5 cm breite Blende gesteppt werden kann. Zwölf schmale Bindebändchen steppen. An jeder Seite drei Bänderpaare unter die Rüschenkante steppen. (Für echte Babys keine Bindebänder, sondern Knöpfe mit Schlingen annähen!)

Unterhemd mit Spitze
(Foto Seite 31)

Es gehört zur Grundausstattung für jedes Puppenkind. Dieses Hemd ist aus drei einfachen Teilen schnell genäht. Der Halsausschnitt wird mit einer Spitze eingefaßt. Ein durchgezogenes Bändchen reguliert die Weite. Die Armausschnitte sind ebenfalls mit Spitze besetzt, brauchen aber auch nur schmal umgesteppt zu werden.

ANLEITUNG

Material: 40 cm Batist, 90 cm breit; 120 cm Spitze, 1 cm breit.

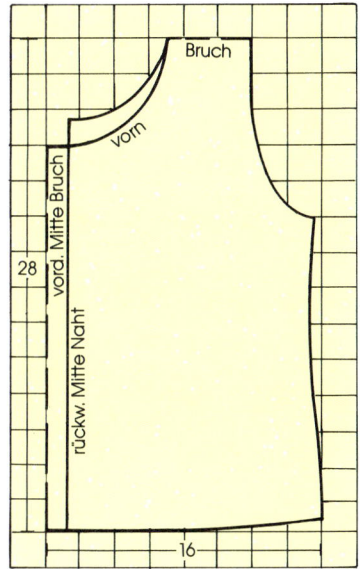

Unterhemd

Nähen: Die Schnitteile mit 1 cm breiter Nahtzugabe zuschneiden. Für die Halskrause einen Schrägstreifen 2,5 cm breit und 35 cm lang zuschneiden. Für das Bindeband einen 1,5 cm breiten und 60 cm langen geraden Streifen zuschneiden. Die Armlochkanten nahtbreit umbügeln, die Spitze darunterlegen und mit kleinen Zickzackstichen knappkantig feststeppen. Die überstehende Nahtzugabe bis zur Kantellinie wegschneiden. Die Seitennähte schließen und die Nahtzugaben versäubern. Zuerst die rückwärtigen Kanten, danach die Hemdlänge schmal umsteppen. Die Spitze (etwa 38 cm) für den Halsausschnitt rundbügeln und, wie beim Armloch, unter den Ausschnitt kanteln. Den Schrägstreifen zur Hälfte in den Bruch legen, die Enden einkippen und den Bruch auf die Spitze kanteln. Die obere Spitzenkante (etwa 33 cm) in den Schrägstreifen schieben und ebenfalls festkanteln. Ein schmales Bindeband steppen, in den Schrägstreifentunnel ziehen und die Enden verknoten, damit sie nicht durchrutschen. Den Saum des Unterhemdes steppen.

8 Ausfahrgarnitur
(Foto Seite 32)

Jacke, Mütze und Schuhe sind eine hübsche Ausfahrgarnitur. Die Sachen sehen aus feingemusterten Stoffen besonders schön aus. Hier wurden Blümchenstoffe in zwei Farben aufeinander abgestimmt. Für die kleinen Teile eignen sich auch Reste. Die Jacke wird doppelt gearbeitet (aus zwei Stofflagen) und rundherum mit Paspeln eingefaßt. Dadurch sieht sie auch von innen sauber aus.

ANLEITUNGEN

Jacke
Material: Zweimal 55 cm verschieden gemusterter Stoff, 90 cm breit; 40 cm Watteline, 140 cm breit.
Nähen: Das Jackenteil je zweimal mit 1 cm breiter Nahtzugabe aus beiden Stoffen und aus Watteline zuschneiden. Die Tasche nur einmal aus beiden Stoffen, die übrigen Jackenteile nur aus dem kleiner

7 Unterhen mit Spit

gemusterten Stoff zuschneiden. Die Kragenblende in der rückwärtigen Mitte im Stoffbruch zuschneiden. Für die Bindebändchen vier 10 bis 12 cm lange und 2 cm breite Schrägstreifen zuschneiden. Für die vorderen Kanten und den Halsausschnitt 4 cm breite und insgesamt 70 cm lange Schrägstreifen zuschneiden. Die rückwärtige Mitte in beiden Stoffen steppen. Unter den Oberstoff Watteline legen und beide Teile wie einen Stoff verarbeiten. Die Seiten- und Ärmelnähte in einem Arbeitsgang schließen. Die Außenkante der Kragenblende nahtbreit umbügeln und die Blende knappkantig auf den Oberstoff steppen. Beide Jackenteile am Saum rechts auf rechts aufeinanderstecken, steppen und das Futter nach innen wenden. Den Saum knappkantig absteppen. Die vorderen Kanten und den Halsausschnitt offenkantig aufeinanderheften und mit Schrägstreifen 0,8 cm breit einfassen. Die Ärmelsäume gegeneinander einkippen und knappkantig zusteppen, später aufschlagen. Die Tasche verstürzen, die Taschenblende nach außen umbügeln und knappkantig absteppen. Die Tasche auf das rechte Vorderteil steppen. Vier schmale Bindebänder arbeiten. Zwei Bänder bei × an die rechte vordere Kante steppen und zwei Bänder bei × auf das linke Vorderteil nähen.

Mütze

Material: 25 cm kleingeblümter Stoff für die Innenseite und 15 cm Stoff für die Außenseite, beide 90 cm breit.

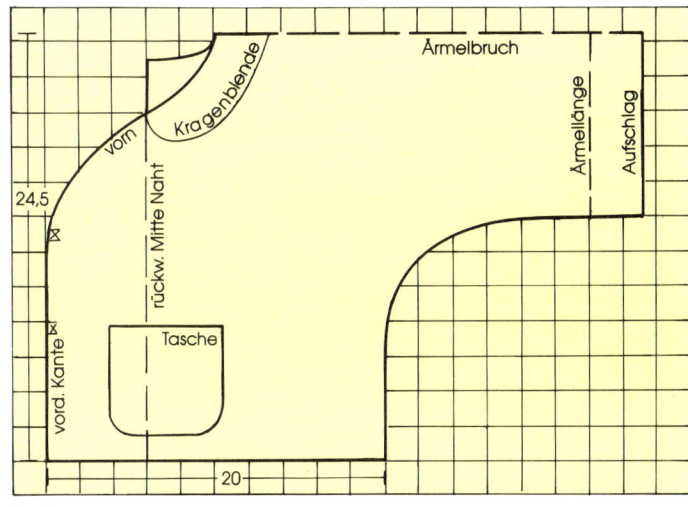

Jacke

Nähen: Je ein Mittelteil und zwei Seitenteile aus beiden Stoffen mit 7 mm breiter Nahtzugabe zuschneiden. Aus dem Innenstoff zusätzlich 2,5 cm breite und etwa 120 cm lange Schrägstreifen zuschneiden. Die Mützennähte zeichengemäß schließen. Beide Mützenteile ineinanderstecken und zuerst den vorderen Mützenrand mit Schrägstreifen 8 mm breit einfassen. Danach die untere Mützenkante einfassen, dabei den Schrägstreifen an beiden Seiten je 25 cm lang für die Bindebänder hängenlassen. Die Bindebänder in Paspelbreite zusammensteppen, an den Enden verknoten.

Schuhe

Material: Geblümte und gestreifte Stoffreste; dünne Kordel.
Nähen: Die Fußsohle zweimal aus gestreiftem Stoff und den Schaft zweimal aus geblümtem Stoff plus Nahtzugabe zuschneiden. Den Schrägstreifen für den Tunnel zweimal 2,5 cm breit und 18 cm lang aus geblümtem Stoff zuschneiden. Die Schaftnaht schließen. Danach den Schaft + an + an die Fußsohle stecken, den Schaft dabei etwas einhalten und feststeppen. Die obere Schaftkante nahtbreit umbügeln, mit Zickzackstichen abkanteln und die überstehende Nahtzugabe bis zur Kantellinie wegschneiden. Den Schrägstreifen an beiden Seiten auf 0,8 cm Breite umbügeln und knappkantig auf den Schaft steppen. Den zweiten Puppenschuh gegengleich arbeiten. Zwei 40 cm lange Kordeln aus Stickgarn drehen und in die Tunnel ziehen.

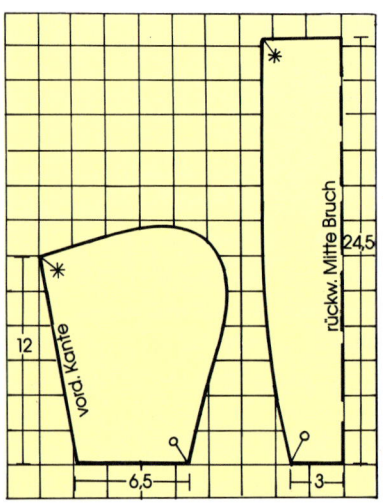

Mütze

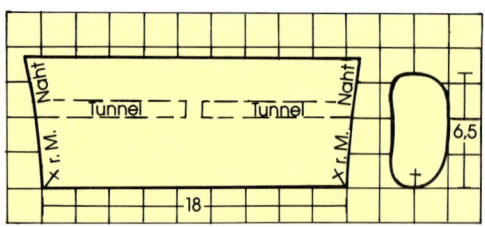

Schuhe

Bluse und Hose
(Foto Seite 37)

Sie gehören zur Grundausstattung jeder Babypuppe. Die Bluse wird am besten aus einem einfarbigen Baumwollstoff genäht. Sie hat vorn abgesteppte Falten und einen Knopfverschluß. Die Ärmel sind angekraust eingesetzt, und den kleinen Bubikragen schmückt eine Spitze. Die Hose reicht bis unter die Achseln. Die Weite wird von einem Gummizug eingehalten. Die Länge läßt sich durch die Bindebändchen regulieren.

Achtung: Der Hosenschnitt muß für echte Babys etwas größer sein als für die Puppe, damit das Windelpaket darin genug Platz hat.

ANLEITUNGEN

Bluse

Material: 45 cm Stoff, 90 cm breit, oder Stoffreste; 3 kleine Perlmuttknöpfe oder Druckknöpfe zum Einstanzen; schmales Gummiband; 40 cm gezackte Festonspitze, 2,5 cm breit; ein Bubikragen mit Zackenrand.
Nähen: Alle Schnitteile mit 1 cm breiter Nahtzugabe herausschnei-

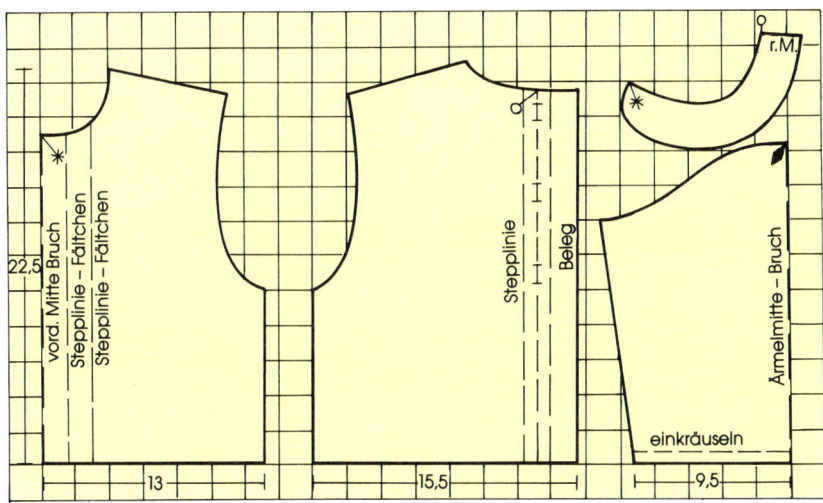

Bluse

den. Für den Halsausschnitt einen 2,5 cm breiten und 25 cm langen Schrägstreifen zuschneiden. Für das Vorderteil zuerst ein 35 x 25 cm großes Rechteck zuschneiden, Fältchen hineinsteppen und dann erst richtig zuschneiden. Fünf Fältchen von der rechten Stoffseite mit je 0,5 cm breiter Aufsicht und 1,4 cm Abstand steppen, dabei mit der Mittelfalte beginnen. Die Faltenbrüche zu einer Seite bügeln. Den Schnitt auflegen und das Vorderteil plus Nahtzugabe zuschneiden. Die Schulter-, Seiten- und Ärmelnähte schließen, die Nahtzugaben zusammen abkanten und bügeln. Die Ärmel ◇ an die Schulternähte einsetzen. Die Ärmelsäume nahtbreit umbügeln, gezackte Spitze 1 cm breit darunterlegen und knappkantig feststeppen. Die Schnittkante der Spitze einkippen und 0,8 cm höher durchsteppen. In diese Tunnel je 11 cm Gummiband einziehen. Den fertigen Bubikragen auf Weite und Breite vom Kragenschnitt abändern und in den Halsausschnitt stecken. Die Ansatzkante mit einem Schrägstreifen einfassen. Wer keinen fertigen Kragen hat, näht sich einen nach dem Kragenschnitt aus dem Blusenstoff. Die Belege am rückwärtigen Verschluß nach innen umsteppen. In das rechte Rückenteil drei Knopflöcher sticken und die Knöpfe annähen oder Druckknöpfe einstanzen. Den Blusensaum schmal umsteppen.

Hose
Material: 40 cm gestreifter und 10 cm geblümter Baumwollstoff, beide 90 cm breit; 30 cm Gummiband, 0,7 cm breit.
Nähen: Den Schnitt zweimal mit 1 cm breiter Nahtzugabe zuschneiden. Folgende Teile aus dem Blümchenstoff zuschneiden: Für den

Paspel mit dem Beleg einen 56 cm langen und 5 cm breiten geraden Streifen, für die Träger vier 25 cm lange und 2,5 cm breite Streifen und für die Paspel mit den Bindebändern zwei 35 cm lange und 2,5 cm breite Streifen schneiden. Die vordere und rückwärtige Mittelnaht (Schrittnaht) steppen, die Nahtzugaben zusammen abkanten und zur Seite bügeln. Die inneren Beinnähte schließen. Die Seitenschlitze einschneiden und umsteppen. Die Hosenbeine auf je 20 cm Weite einkräuseln und 0,8 cm breit einfassen, dabei die Enden als Bindebändchen gleichmäßig lang hängenlassen. Den Beleg rechts auf rechts gegen die obere Hosenkante steppen, dann nach innen wenden, dabei einen 0,8 cm breiten Paspel stehenlassen. Die Belegkante einschlagen und von innen gegen die untere Tunnelkante steppen. Danach die zweite Tunnellinie steppen und Gummiband einziehen. Die Träger auf 0,8 cm Breite verkürzen und bei × in der unteren Tunnelkante feststeppen.

Achtung: Der größere Hosenschnitt ist für echte Babys geeignet.

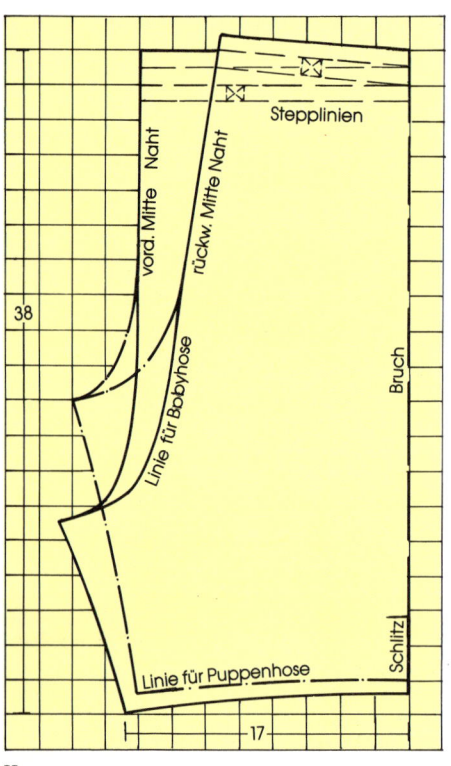

Hose

10 Langes Kleid
(Foto Seite 40)

Kleid oder Schlafsack oder Taufkleid: Alles entsteht nach einem Schnitt. Obenherum hat das Ganze üppig-weite Ärmel und eine kleine Vorder- und Rückenpasse, darunter kommt ein angekrauster Rock. Der läßt sich am Saum mit einem schmalen Durchzugsbändchen zusammenhalten (das ist auch für echte Babys praktisch).
Aus weichem, rosafarbenem Molton wird daraus ein gemütlicher Schlafsack. Aus geblümtem Baumwollstoff ist das Kleid für tagsüber schön. Aus weißem Baumwollstoff, Batist oder feinem Leinen, garniert mit reichlich Spitzen, wird daraus ein aufwendiges, festliches Kleid. Noch mehr Variationen ergeben sich durch den Kragen: Es gibt einen runden und einen eckigen Schnitt dafür, außerdem können auch alte Spitzenkragen oder einfache Rüschen an den Halsausschnitt genäht werden. Tip: Da die Weite reichlich bemessen ist, kann das Kleid auch von echten Babys und sogar noch von Krabbelkindern getragen werden – dann allerdings ohne Durchzugsband.

ANLEITUNG

Material: 75 cm kleingeblümter Baumwollstoff, 90 cm breit; 3 kleine Perlmuttknöpfe oder Druckknöpfe zum Einstanzen; 20 cm schmales Gummiband; 170 cm Festonspitze, 2,5 cm breit.

Nähen: Beim Rockschnitt auf die verschiedenen Längen achten. Alle Schnitteile mit 1 cm breiten Nahtzugaben zuschneiden. Für den Schlitz einen geraden Streifen 25 cm lang und 4 cm breit und für den Halsausschnitt einen Schrägstreifen 25 cm lang und 2,5 cm breit zuschneiden. Insgesamt fünf Bindebänder zuschneiden: vier Streifen 28 cm lang und einen Streifen 130 cm lang, alle 3,5 cm breit. Den rückwärtigen Rockschlitz einschneiden und mit dem Schlitzstreifen 1 cm breit einfassen. Den Schlitzstreifen am Obertritt umbügeln, am Untertritt vorstehen lassen. Die Rockseiten-, die Schulter- und die Ärmelnähte bis + schließen, die Nahtzugaben versäubern und auseinanderbügeln. Die oberen Rockkanten auf Passenweite einkräuseln. Die Passenkanten nahtbreit umbügeln und knappkantig auf die Kräuselkanten steppen. Die Ärmeleinsatznähte nach innen umbügeln, dabei die Nahtzugaben in den Ecken am Rock einschneiden. Alle Bindebänder auf 0,8 cm Breite verstürzen. Die kurzen Bindebänder bei × unter die Passen-

kanten stecken. Die Armkugeln zwischen den Querzeichen einkräuseln. Die Ärmel unter die Einsatzkanten schieben und knappkantig feststeppen. Die Belege in der rückwärtigen Kante umbügeln und später feststeppen. Den Schrägstreifen für den Halsausschnitt zur Hälfte in den Bruch legen und bügeln. Die Halsausschnittkante mit dem Schrägstreifen verstürzen und absteppen. Nun die Belegkanten feststeppen. Die Ärmelsäume und den Kleidsaum nahtbreit umbügeln und Festonspitze 1 cm breit unter die Kanten steppen. Die Nahtzugabe der Spitze einkippen und 1 cm höher feststeppen. In die Tunnel an den Ärmeln Gummibänder und in den Saum das lange Bindeband einziehen (dafür die Naht an der linken Seite öffnen). Den fertigen Kragen mit Lochstickerei in den Halsausschnitt nähen. Wer keinen fertigen Kragen hat, kann einen Kragen nach dem Kragenschnitt zuschneiden und nähen. Knopflöcher in die rückwärtige Passe einnähen und Knöpfe annähen oder statt dessen Druckknöpfe einstanzen.

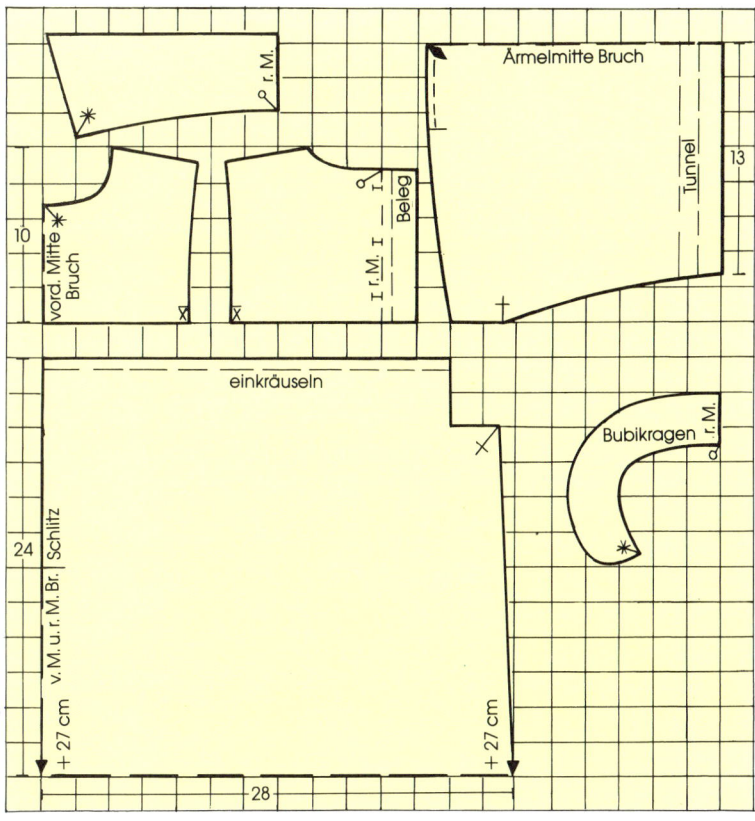

Langes Kleid

11 Strickanzug

Von Kopf bis Fuß warm eingepackt sind Puppen oder auch neugeborene Babys in dieser Strickgarnitur. Alles wird einfach glatt rechts gestrickt, als Schmuck sind kleine Noppen aufgestickt.

ANLEITUNGEN

Material: für alle Sachen: Mohairwolle (Lauflänge 125 m/50 g), d. h. 100 g in Rosa, 50 g in Zyklam, sowie Mohairreste in Lindgrün, Flieder, Hellblau und Türkis. Je 1 Nadelspiel Nr. 4 und 4,5; 6 kleine Knöpfe, Hutgummiband.
Grundmuster: glatt re. (Hinr. re., Rückr. li., in Rd. nur re.).
Maschenprobe: 18 M. in der Breite und 26 R. in der Höhe ergeben 10 cm im Quadrat.

Strickanzug

Pullover

Rücken- und Vorderteil werden bis zu den Armausschnitten in Runden gestrickt. Dafür 80 M. mit Nadeln Nr. 4 in Rosa anschlagen und 2 cm im Rippenmuster (2 M. re., 2 M. li. im Wechsel) stricken. Dann mit Nadeln Nr. 4,5 im Grundmuster weiterarbeiten. In 13 cm Gesamth. mit dem Muster beginnen. Nach dem Zackenmuster in Zyklam weiterarbeiten. In 15 cm Gesamth. die Arbeit in Vorder- und Rückenteil teilen, d. h. 40 M. für das Vorderteil stilllegen und mit den übrigen 40 M. in Hin- und Rückr. das Rückenteil beenden. Dabei in 22 cm Gesamth. mit den Abnahmen für den Halsausschnitt beginnen. Dafür die mittleren 12 M. abketten und zunächst eine Schulter beenden. Dabei 2mal 2 M. abnehmen und in 24 cm Gesamth. die übrigen M. abketten. Die zweite Schulter gegengleich stricken. Nun das Vorderteil bis 20 cm Gesamth. wie das Rückenteil stricken. Dann mit den Abnahmen für den Halsausschnitt beginnen. Dafür die mittleren 8 M. abketten und zunächst eine Schulter beenden. Dabei 2mal 2 M. und 2mal 1 M. abnehmen. In 24 cm Gesamth. die

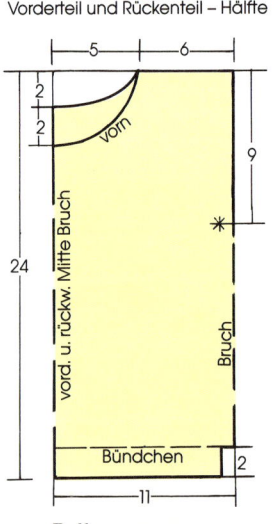

Pullover

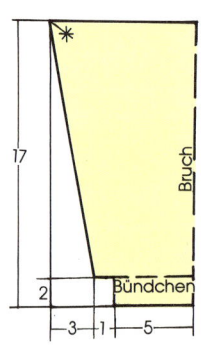

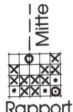

Rapport

Pullover
☐ = Zyklam
✗ = Lindgrün
• = Rosa
○ = Noppen

restl. M. abketten, die zweite Schulter gegengleich stricken.
Ärmel: 22 M. mit Nadeln Nr. 4 in Rosa anschlagen und in Hin- und Rückr. 2 cm im Rippenmuster stricken. Dann im Grundmuster mit Nadeln Nr. 4,5 weiterarbeiten und beidseitig in jeder 6. R. 5mal 1 M. zunehmen (32 M.). In 10 cm Gesamth. mit dem Muster (siehe Zeichnung) beginnen. Das Muster von der Mitte aus einrichten. Danach in Zyklam weiterarbeiten. In 17 cm Gesamth. die M. abketten. Den zweiten Ärmel genauso stricken.
Ausarbeitung: Die Schulternähte nur 2 cm und die Ärmelnähte schließen. Die Ärmel einnähen. Für die Blenden aus dem vorderen und rückwärtigen Halsausschnitt jeweils 22 M. mit Nadeln Nr. 4 in Rosa herausstr. und in Hin- und Rückr. 2 cm im Rippenmuster arbeiten. Die M. abketten. Über die offenen Schulterkanten jeweils 10 feste M. häkeln. Beim Rückenteil jeweils 3 Knöpfe aufnähen. Beim Vorderteil 1 R. Kettm. zurückhäkeln, dabei für jedes Knopfloch statt der Kettm. 5 Luftm. häkeln. Die Noppen aus den Mohairresten auf Pullover und Ärmel wie folgt sticken: 1 Stich quer um die gekennzeichnete M., anschließend 3 Stiche längs um die M. sticken. Fäden auf der Rückseite vernähen.

Strickhose

Die Hose wird an einem Bein am unteren Bündchen begonnen und bis 21 cm Gesamth. in Hin- und Rückr. gestrickt. Dafür 44 M. mit Nadeln Nr. 4 in Zyklam anschlagen und 2 cm im Rippenmuster (2 M. re., 2 M. li. im Wechsel) stricken. Dann mit Nadeln Nr. 4,5 im Grundmuster weiterarbeiten. In 8 cm Gesamth. mit dem Muster beginnen. Das Muster von der Mitte aus einrichten. In Rosa weiterarbeiten. In 21 cm Gesamth. die Arbeit stilllegen und

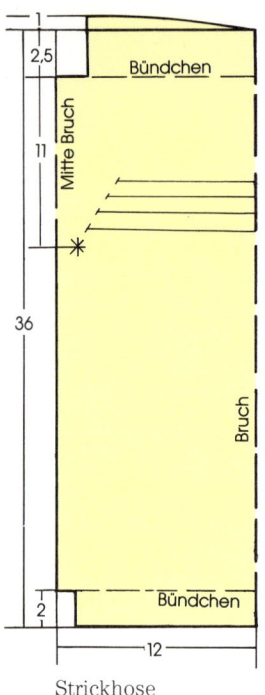

Strickhose

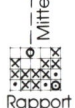

Rapport

Hose und Mütze
☐ = Rosa
× = Lindgrün
• = Zyklam
○ = Noppen

zunächst das zweite Hosenbein genausoweit stricken. Nun alle M. (88 M.) auf 4 Nadeln verteilen und in Rd. bis 23 cm Gesamth. stricken. Die rückw. Mitte kennzeichnen. Um für das Gesäß die nötige Weite zu bekommen, werden verkürzte R. wie folgt gestrickt: von der hinteren Mitte aus nach re. und li. jeweils 18 M. abzählen. Die übrigen M. stillegen. Über diese 36 M. 1 Hinr. re., 1 Rückr. li. stricken. Damit an den Wendestellen keine Löcher entstehen, muß vor jedem Wenden 1 Umschl. aufgenommen werden. Diesen strickt man, wenn wieder über die gesamte Rd. gearbeitet wird, mit der folgenden M. zusammen. Dann 1 cm in Rd. über die gesamten M. stricken.
In 24 cm, 25 cm, 26 cm Gesamth. die verkürzten R. wiederholen, jedoch mit weniger M., d. h. zunächst mit 34 M., dann mit 32 M., dann mit 30 M. Nun wieder mit den gesamten M. in Rd. weiterarbeiten. In 32 cm Gesamth. gleichmäßig verteilt 10 M. abnehmen, d. h. jeweils 2 M. zus.-stricken. Noch 3 cm im Rippenmuster mit Nadeln Nr. 4 stricken. In 35 cm Gesamth. die M. abketten.
Ausarbeitung: Die Nähte schließen. In das Bündchen 3 R. Hutgummiband einziehen. Die Noppen, wie beim Pullover beschrieben, aufsticken.

Mütze

Es wird an der vorderen Kante begonnen und in Hin- und Rückr. gestrickt. Dafür 58 M. mit Nadeln Nr. 4,5 in Zyklam anschlagen und zunächst 1 cm kraus re. (Hinr. re., Rückr. re.) stricken. Danach 3 cm im Grundmuster arbeiten. In 4 cm Gesamth. mit dem Muster (siehe Zeichnung) beginnen. Das Muster von der Mitte aus einrichten. Dann in Rosa weiterstricken. In 11 cm Gesamth. die 1. bis 20. M. und die 39. bis 58. M. abketten und über die mittleren 18 M. noch 11 cm stricken. In 22 cm Gesamth. die M. abketten.
Ausarbeitung: Die Nähte ✳ an ✳ schließen. Den unteren Rand mit 2 R. festen M. umhäkeln, dabei die mittleren 10 cm um 4 cm einhalten. Eine 80 cm lange Kordel in Zyklam drehen und durch die M. der Stirnkante ziehen. Die Noppen, wie beim Pullover beschrieben, aufsticken.

Schuhe

Es wird am Bündchen begonnen und in Hin- und Rückr. gestrickt. Dafür 28 M. mit Nadeln Nr. 4,5 in Rosa anschlagen und 2 cm im Rippenmuster (2 M. re., 2 M. li. im Wechsel) stricken. Dann im Grundmuster weiterarbeiten. In 8 cm Gesamth. noch 2 cm in Zyklam stricken. Die M. abketten. Den zweiten Schuh genauso stricken.
Ausarbeitung: Die hintere Naht und die Sohle zunähen. Zwei 30 cm lange Kordeln in Zyklam drehen und in 4 cm Gesamth. einziehen.

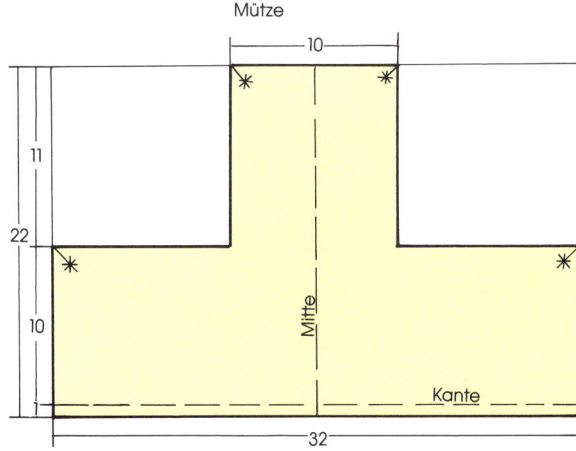

Babypuppen international

Zum Spielen und Anschauen schön: Anziehsachen, die ein bißchen aus dem Rahmen fallen, für kleinere Babypuppen (40 cm). Zum Beispiel ein Kimono oder ein lustiger Matrosenanzug im Stil der Jahrhundertwende. Dazu kommen noch ein praktischer Strampelsack mit Mütze und Lätzchen, Hemdjacke und Höschen, eine warme Strickgarnitur und ein festliches Taufkleid.

Alle Schnitte dieses Kapitels passen Puppen von ca. 40 cm Größe. Achtung: Babypuppen sind meistens etwas dicker als andere Puppen in vergleichbarer Größe.

12

Kimono und afrikanischer Anzug

12 Kimono und afrikanischer Anzug

Ein Hauch Exotik steckt in diesen Anzügen aus buntgemusterten Stoffen. Diese Sachen sind besonders originell für farbige Babypuppen, schmücken aber auch hellhäutige Puppenbabys. Der Schnitt ist ganz einfach und für beide Anzüge gleich: Beim Kimono kommt nur noch eine breite Schärpe dazu. Die Wirkung hängt vom Stoff ab: In weniger auffallenden Farben und Mustern sehen Jacke und Hose ganz normal aus.

ANLEITUNG

Material: 35 x 55 cm geblümter Stoff; 75 cm Satin, 90 cm breit; 25 cm Gummiband, 0,4 cm breit; 60 cm Seidenband oder Kordel; 2 Druckknöpfe.

Nähen: An allen Schnitteilen 1 cm breite Nahtzugaben zugeben. Die zu paspelierenden Kanten ohne Nahtzugaben zuschneiden. Vorder- und Rückenteil aus geblümtem Stoff und Satin zuschneiden. Ärmel und Hosenteile nur aus Satin zuschneiden. Der Gürtel ist 14 x 36 cm groß, das japanische Rückenkissen (Obi) 14 x 30 cm. Außerdem einen Schrägstreifen 75 x 2,5 cm zuschneiden. Bei der Kimonojacke die Schulter-

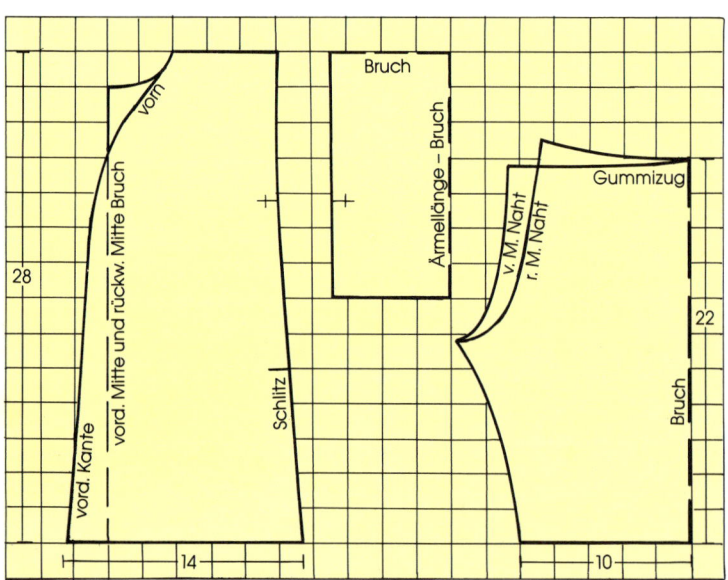

Kimono und Hose

nähte schließen. Blümchenteile und Satinteile rechts auf rechts legen, am Saum und an den Seiten (bis zum Querzeichen) zusammensteppen und wenden, die Nahtzugaben einschneiden. Die Ärmelnähte schließen. Ärmelteile zur Hälfte in den Bruch legen, bei + die Nahtzugaben einschneiden, den unteren Teil zunähen, wenden und bügeln. Die Ärmel einnähen, die Seitennähte schließen und mit Zickzackstichen versäubern. Die vorderen Kanten und den Halsausschnitt mit dem Schrägstreifen 0,7 cm breit einfassen. Den Gürtelstreifen rechts auf rechts zusammensteppen, eine Schmalseite schließen, wenden, bügeln und die offene Seite mit der Hand zunähen. Auf die gleiche Art das Rückenkissen anfertigen. Die Mitte des Rückenkissens markieren und die schmalen Seiten dort 1 cm breit übereinanderlegen. In Längsrichtung eine 1 cm tiefe Falte einlegen und das Rückenkissen auf den Gürtel steppen. Druckknöpfe annähen. Bei der Hose die vordere Mittelnaht schließen. Hosenbeine säumen. Die obere Hosenkante umsteppen und das Gummiband einziehen. Rückwärtige Mittelnaht schließen (dabei das Gummiband mitfassen). Hosenbeinnähte zusammensteppen.

13 Strampelsack und Lätzchen
(Foto Seite 52)

Er ist ganz einfach zu nähen, mit schmaler Passe, an der die weiten Ärmel eingesetzt werden. Ohne Durchzugsband im Saum wird daraus ein niedliches, langes Kleid. Ganz in Weiß, mit Lätzchen und Rüschenmütze, sieht der Strampelsack recht festlich aus. Er kann aber auch aus bunten Stoffen genäht werden. Das spitzenbesetzte Lätzchen aus Baumwollpikee ist über allen Sachen hübsch. Tip: Auch als Geschenk oder Mitbringsel für Puppenmütter und -sammler geeignet.

ANLEITUNGEN

Strampelsack
Material: 70 cm Batist, 90 cm breit; 200 cm Festonspitze, 1 cm breit; 130 cm Einziehband; 25 cm Gummiband, 4 mm breit; 2 Druckknöpfe.
Nähen: Die Schnitteile mit 1 cm Nahtzugabe zuschneiden. Das Rockteil ist 44 x 90 cm groß, die Halsrüsche 38 x 2 cm lang. Außerdem einen Schrägstreifen, 22 x 2,5 cm lang, zuschneiden. Die Raglanärmel an die Passenteile steppen und die Falten einlegen. Spitze mit kleinen Zickzackstichen an die Halsrüsche

nähen, die Rüsche einkräuseln und annähen. Die Halsausschnittkante mit dem Schrägstreifen einfassen. Spitze an die Ärmellängen nähen und 1,5 cm von der Kante entfernt das Gummiband von der linken Stoffseite aus gedehnt aufsteppen. Die Ärmel- und Seitennähte schließen. Den Rock auf Passenweite einkräuseln, annähen und von rechts Spitze über die Ansatznaht steppen. Die rückwärtige Rocknaht vom Saum nach oben 30 cm zunähen, darüber den Druckknopfverschluß arbeiten. Unten an den Rockseiten je ein Knopfloch für den Banddurchzug einnähen. Erst danach den Saum umsteppen, so daß ein Tunnel entsteht. An den Saumbruch die restliche Spitze steppen. Zwei Bindebänder (je 65 cm lang) in den Saum einziehen.

Lätzchen

Material: 15 x 16 cm Pikee, Frottee oder Batist; 80 cm Festonspitze, 1 cm breit; 40 cm Band, 0,7 cm breit.
Nähen: Rundherum nur schmale Nahtzugaben zugeben. Die Spitze wie angegeben quer aufsteppen. Das Lätzchen außerdem rundherum am Rand mit Spitze besetzen (mit kleinen Zickzackstichen dicht an dicht aufsteppen). Dabei die Spitze am Außenrand etwas einhalten oder in winzige Fältchen legen, am Halsausschnitt etwas dehnen. Die überstehenden Nahtzugaben bis an die Kantellinie wegschneiden. Zwei 20 cm lange Bänder annähen.

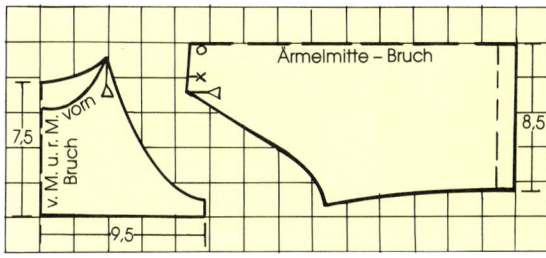

Strampelsack

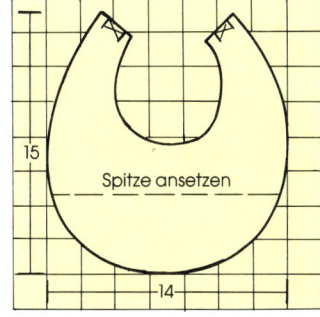

Lätzchen

14 Hemdjacke und Hose

Sie sind ideal zum Unterziehen, können sich aber auch so sehen lassen. Hier sind sie aus weißem Batist genäht und mit Streifenpaspeln eingefaßt. Aber auch feiner weißer Baumwollstoff oder Jersey sind dafür geeignet. Diese Stoffe können an den Kanten umgesteppt werden, müssen also nicht gepaspelt werden. Statt der Bindebänder können auch Knöpfe mit Schlingen oder Druckknöpfe angenäht werden.

ANLEITUNG

Material: 40 cm Batist, 90 cm breit; 250 cm gestreiftes Schrägband, 2,5 cm breit; 45 cm Gummiband, 0,4 cm breit.
Nähen: Nahtzugaben (1 cm breit) nur an den Nähten und am Hosenbund zugeben. Die zu paspelierenden Kanten ohne Nahtzugaben zuschneiden. Bei der Hemdjacke die Ärmellängen paspelieren, die Schulternähte schließen und die Ärmel einnähen. Eine Ärmel- und Seitennaht schließen, nun erst die vorderen Kanten paspelieren: Man beginnt an der noch offenen Seitennaht und näht den Paspel rundherum an. Danach erst die andere Ärmel- und Seitennaht schließen. Aus dem Schrägband vier Bindebänder (je 15 cm lang) anfertigen und bei × annähen. Bei der Hose die vordere Mittelnaht schließen, Beinlängen paspelieren. Die obere Hosenkante schmal einrollieren oder umsteppen. Von links das Gummiband (je 13 cm lang) gedehnt in die Hosenbeine steppen (ca. 1,5 cm von der Kante entfernt). Auf die gleiche Art das Gummiband (18 cm lang) unter den Hosenbund nähen. Rückwärtige Mittelnaht und Beinnähte schließen.

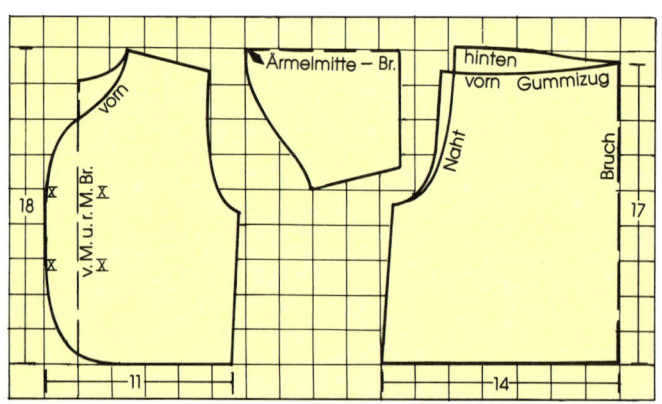

Hemdjacke und Hose

15 Matrosenanzug mit Hut

Ein Hauch alter Zeiten geht von diesem Matrosenanzug aus. Dabei ist der Schnitt ganz modern: durchgehend weit wie ein Overall mit Knopfverschluß und glatt eingesetzten Ärmeln. Typisch machen ihn der große Matrosenkragen, die aufgesteppten dunkelblauen Bändchen und der Matrosenhut.

ANLEITUNG

Material: 35 x 75 cm blau-weißer Streifenstoff; 30 x 75 cm weißer Pikee; 10 x 35 cm weißer Futterstoff für den Hut; 260 cm schmale, blaue Litze, 0,3 cm breit; 3 Perlmuttknöpfe; 3 Druckknöpfe.

Nähen: An allen Schnitteilen 1 cm breite Nahtzugabe zugeben. Den Anzug aus dem Streifenstoff, Kragen und Hut aus Pikee zuschneiden. Die Hutkrempe ist 33 x 7 cm lang und wird im schrägen Fadenlauf zugeschnitten, das Hutteil außerdem viermal aus Futterstoff. Die Säume

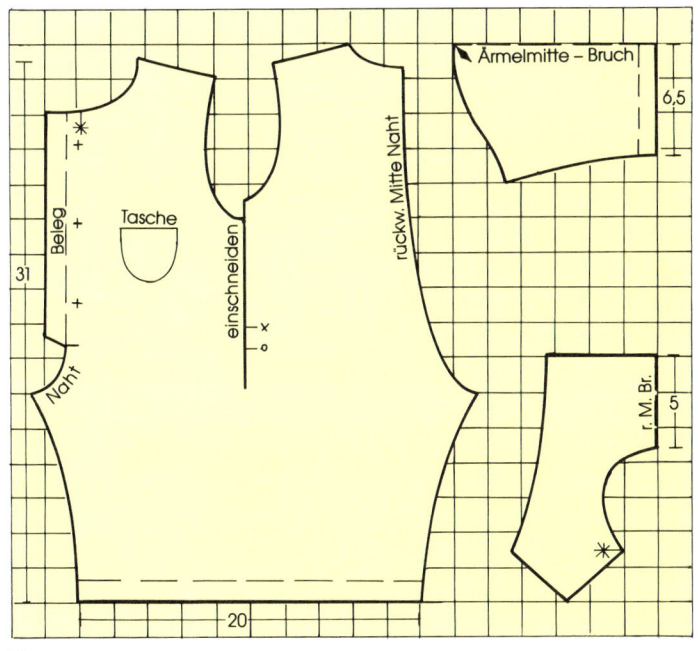

Matrosenanzug

an den Hosenbeinen, Ärmellängen und am oberen Taschenrand umbügeln und von rechts die Litze 0,7 cm von der Kante aufsteppen. Die Tasche auf das Vorderteil nähen, die Rückennaht und die Schulternähte schließen. Die Ärmel einnähen. Die Ärmel- und Seitennähte schließen, dabei im Rückenteil zwischen × und ○ kleine Falten einlegen. Kragen verstürzen, wenden, bügeln und die Litze aufsteppen. Den Kragen in den Halsausschnitt nähen. Die Mittelnaht am Vorderteil bis zum Verschluß zustepppen. Die inneren Beinnähte schließen. Druckknöpfe, Perlmuttknöpfe und Schleifenbänder annähen. Die Hutkrempe zum Ring schließen, zur Hälfte in den Bruch legen (Naht nach innen) und bügeln. Litze an den Rand steppen. Die vier Hutteile zusammennähen, den Rand ansteppen und mit den zusammengenähten Futterteilen versäubern.

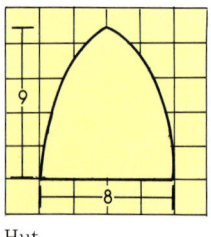

Hut

16 Strickgarnitur
(Foto Seite 60)

Warm angezogen für den Winter sind Puppenbabys in dieser Mohairgarnitur. Mütze, Pulli, Hose und Schuhe werden glatt rechts gestrickt und sind einfach zu machen. Zum Stricken eignen sich auch Reste: Beachten Sie aber bitte die Maschenprobe. Sie muß stimmen, sonst kommen die Angaben in der Anleitung nicht hin.

ANLEITUNGEN

Material für alle Stricksachen: 300 g Mohairwolle (Lauflänge 100 m/50 g), d. h. 100 g in Grün, je 50 g in Blau, Pink, Flieder und Hellgrün, sowie 1 Nadelspiel Nr. 3,5, 1 Häkelnadel Nr. 3, Rundgummi und 2 kleine Knöpfe. Sie können auch Wollreste verwenden, wenn Sie Qualität und Lauflänge angleichen.
Grundmuster: glatt re. (Hinr. re., Rückr. li., in Rd. nur re.).
Maschenprobe: 19 M. in der Breite und 30 R. in der Höhe ergeben 10 cm im Quadrat.

Pullover

Rücken- und Vorderteil werden bis zu den Armausschnitten in Rd. gestrickt. Dafür 68 M. in Grün anschl. (17 M. je Nadel), zur Rd. schließen, und für das Bündchen 2 cm im Rippenmuster (2 M. re., 2 M. li. im Wechsel) stricken. Danach im Grundmuster je 6 Rd. in Blau, Pink und Grün stricken. In 8 cm Gesamth. das Strickstück in Rücken- und Vorderteil teilen, d. h. 34 M. stilllegen. Mit den übrigen 34 M. in Hin- und Rückr. zunächst das Rückenteil weiter gerade hochstricken, dabei je 6 R. in Flieder, Hellgrün, Blau und Pink stricken. Die restlichen 1,5 cm in Grün im Rippenmuster arbeiten. Die M. abketten. Das Vorderteil genauso beenden.

Ärmel: 24 M. in Grün anschlagen und in Hin- und Rückr. für das Bündchen 1,5 cm im Rippenmuster stricken. Dann im Grundmuster in Blau weiterarbeiten. Nach 6 R. in Blau kommen je 6 R. in Pink, Grün und Flieder. Dabei beidseitig in jeder 3. R. 7mal 1 M. zunehmen (am Ende sind es 38 M.). Die M. abketten. Den zweiten Ärmel genauso stricken.

Ausarbeitung: Die Schulterkanten an den Enden ca. 1 cm lang zunähen. Als Verschluß am Hals zwei Knopfschlingen, etwa 8 cm auseinander, an die rückwärtigen Schulterkanten häkeln und vorn zwei Knöpfe annähen. Die Ärmelnähte schließen und die Ärmel einnähen.

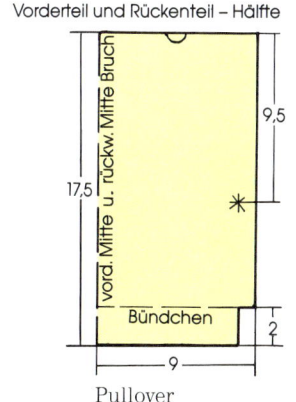

Pullover

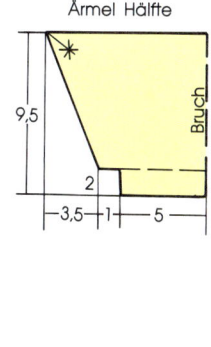

Schuhe

28 M. in Blau anschl. und 1 cm im Rippenmuster stricken. Danach im Grundmuster je 6 R. in Pink, Hellgrün und Grün stricken. Die M. abketten. Den zweiten Schuh genauso arbeiten.

Ausarbeitung: Den Streifen in den Bruch zur Hälfte zusammenlegen und die untere und hintere Kante zunähen. Evtl. in den Rippenrand eine dünne Kordel einziehen.

Mütze

Die Mütze wird nur mit 2 Nadeln in Hin- und Rückr. gestrickt. Begonnen wird an der vorderen Kante. Dafür 46 M. in Grün anschlagen und 1,5 cm im Rippenmuster stricken. Danach im Grundmuster je 6 R. in Blau, Pink und Flieder stricken. In Hellgrün nur noch 4 R. arbeiten, dann die 1. bis 15. M. und die 32. bis 46. M. abketten und über die mittleren 16 M. noch 8 cm in Grün stricken. Die M. abketten.

Ausarbeitung: Die seitlichen Nähte + an + schließen. Den unteren Mützenrand mit 3 R. festen M. umhäkeln, dabei die Kante um ca. 6 cm einhalten. Eine 50 cm lange dünne Kordel in Grün drehen und durch die festen M. ziehen.

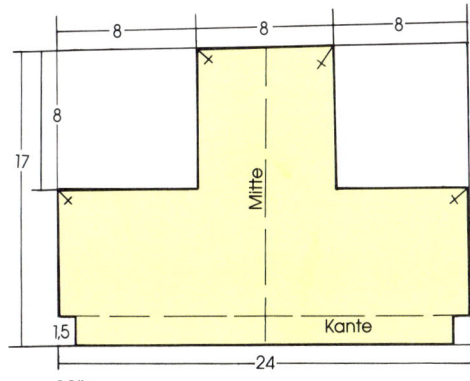

Mütze

Hose

Die Hose wird rundgestrickt und an einem unteren Hosenbein begonnen. Dafür 36 M. in Grün anschl. (9 M. je Nadel), zur Rd. schließen und für das Bündchen 1,5 cm im Rippenmuster stricken. Danach im Grundmuster weiterarbeiten. In 9 cm Gesamthöhe mit den Zunahmen für den Zwickel beginnen. Dafür nach der 1. M. der 1. Nadel und vor der letzten M. der 4. Nadel aus dem Querfaden der Vorrunde 1 M. rechts verschränkt herausstricken. Die Zunahmen noch 2mal in jeder folgenden 2. Rd. an den gleichen Stellen wiederholen. Nun erst das zweite Hosenbein genausoweit stricken. Alle M. (84 M.) auf 4 Nadeln verteilen und bis 11 cm Gesamthöhe stricken. Die rückwärtige Mitte kennzeichnen. Um für den Puppenpo die nötige Weite zu bekommen, werden zusätzliche R. wie folgt gestrickt: von der rückwärtigen Mitte aus nach rechts und links jeweils 15 M. abzählen. Über diese 30 M. 1 Hinr. re. und 1 Rückr. li. stricken. Damit an den Wendestellen keine Löcher entstehen, muß vor jedem Wenden 1 Umschl. aufgenommen werden. Diese Umschl. strickt man, wenn wieder über die gesamte Rd. gearbeitet wird, mit der M. davor bzw. mit der nachfolgenden M. zusammen. Nun wieder in Rd. arbeiten. Die verkürzten R. noch dreimal wiederholen, und zwar jeweils im Abstand von 1 cm, jedoch mit weniger M., d. h. zunächst mit 28 M., mit 26 M. und als letztes mit 24 M. Nun wieder weiter gerade hochstricken. In 18 cm Gesamth. (vorn gemessen) gleichmäßig verteilt 12 M. abn., d. h. jeweils 2 M. zus.-str. Noch 2 cm im Rippenmuster stricken und die M. abketten.
Ausarbeitung: In das obere Rippenbündchen von links 3 Reihen Rundgummi einziehen, die Weite ausprobieren und die Gummibandenden verknoten.

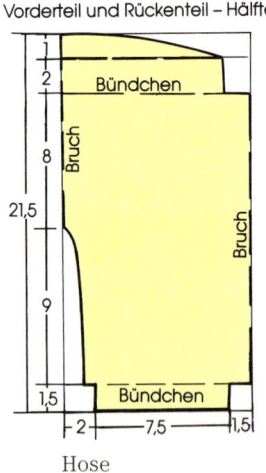

Hose

Festkleid und Häubchen
(Foto Seite 64)

Ganz in Weiß: ein Traumkleid für feine Puppenbabys und alle antiken Puppen. Es ist lang und weit, hat eine kleine Passe und üppig angekrauste Ärmel. Hier entstand es aus feinem Tupfenbatist, aber auch aus alten oder neuen Spitzenstoffen oder reinem Leinen sieht es besonders kostbar aus. Je nach Material können Sie das Kleid dann mit Rüschen oder Spitzen schmücken. Passend dazu: ein romantisches Häubchen. Im Hintergrund ein Paradekissen, ebenfalls mit Spitzen garniert. Da für diese Sachen nur kleine Stoffmengen benötigt werden, lohnt es sich, auch mal auf Flohmärkten nach schönen Spitzenresten Ausschau zu halten.

ANLEITUNG

Material: 55 cm Tupfenvoile, 140 cm breit; 15 x 90 cm Futterstoff; 150 cm Satinband, 0,7 cm breit; 15 cm Gummiband, 0,4 cm breit; 2 Druckknöpfe.

Nähen: An allen Schnitteilen 1 cm breite Nahtzugaben zugeben. Das Rockteil ist 42 x 100 cm groß. Für die Rüschen drei Stoffstreifen von je 140 cm Länge und 4 cm Breite zuschneiden. Passe und Mütze außerdem aus Futterstoff zuschneiden. Die Schulternähte in Oberstoff und Futter schließen und die Teile rechts auf rechts legen. Die rückwärtigen Kanten und den Halsausschnitt steppen und wenden. Die Ärmellängen säumen und je 7 cm Gummiband von

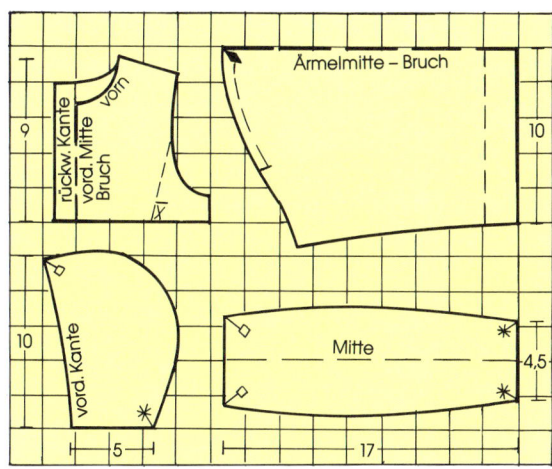

Festkleid mit Häubchen

links gedehnt aufsteppen. Die Armkugeln einkräuseln und die Ärmel einnähen. Ärmel und Seitennähte schließen. Dabei die beiden Stofflagen (Futter und Oberstoff) mitfassen. Ärmel und Seitennähte schließen. Die rückwärtige Rocknaht vom Saum aus 30 cm schließen. Obere Kante auf Passenweite einkräuseln und ansteppen. Die Rüschenstreifen zusammensteppen, an einer Seite mit der Hand rollieren oder mit dichten, kleinen Zickzackstichen versäubern. Die andere Seite 1 cm breit umbügeln und 0,5 cm von der Kante entfernt einkräuseln, so daß ein 0,5 cm breites Köpfchen entsteht. Ca. 100 cm für den Halsausschnitt und das Häubchen abschneiden. Den Rock säumen. Die lange Rüsche von der hinteren Rockansatznaht über die Schultern nach vorn auf die Passe stecken (wie im Schnitt eingezeichnet) und im geraden Verlauf weiter auf dem Rock bis zum Saum führen. Ca. 40 cm am Saum entlang und senkrecht wieder nach oben bis zur Passe führen, über die Schultern bis zur hinteren Rockansatznaht. Rüsche feststeppen. Die Halsrüsche (ca. 60 cm) von rechts auf die Ausschnittkante steppen. Vier Satinbänder (je 20 cm lang) bei × auf die Passe nähen. Im Rücken einen Verschluß mit Druckknöpfen arbeiten. Für das Häubchen die beiden Seitenteile und das Mittelteil in Oberstoff und Futter zusammennähen. An der vorderen Kante rechts auf rechts legen, 40 cm gekräuselte Rüsche dazwischenfassen, steppen und wenden. Die untere Kante versäubern (ineinandergekippt zusammensteppen oder mit der Hand zusammennähen). Das restliche Satinband so darauf nähen, daß zwei gleichmäßig lange Enden an den Seiten zum Binden übrigbleiben.

17

stkleid
d
äubchen

Kleine Puppen zum Liebhaben

Es gibt sie in vielen Variationen, die kleinen Puppen mit dem weichen Schmusekörper. Fast jedes Kind bekommt als erste eine solche Puppe, die es dann überall mit hinschleppt und die bald ganz zerzaust aussieht. Daher eignen sich für sie am besten ganz einfache Anziehsachen. Und da sie Mädchen und Jungen sein können, gibt es neben kleinen Kleidern auch eine Sepplhose mit Jacke und Bluse zum Nachnähen. Alle diese Sachen passen auch den Puppen zum Selbermachen (Seite 117 bis 131).

18

Getupftes Kleid

Alle Schnitte dieses Kapitels passen Puppen von ca. 30 cm Größe.

18 Getupftes Kleid

Das Tupfenkleid ist schnell genäht. Es wird vorn oder hinten geschlossen (mit Druckknöpfen oder Klettband, darüber werden Knöpfe genäht). Es läßt sich dadurch schnell an- und ausziehen, auch von kleineren Kindern. Darüber kann eine bunte Schürze gebunden werden. Beide Sachen nähen Sie am besten aus festen, farbigen Baumwollstoffen – die sind am strapazierfähigsten.

ANLEITUNGEN

Kleid

Material: 35 x 75 cm Stoff; 15 cm Spitze, 1 cm breit; 7 cm Klettband oder zwei Druckknöpfe; 3 kleine Knöpfe; 16 cm Gummiband, 0,3 cm breit.

Nähen: Alle Schnitteile mit 1 cm breiten Nahtzugaben zuschneiden. Die Schulternähte schließen. Die Ärmel säumen und von links je 8 cm Gummiband gedehnt untersteppen.

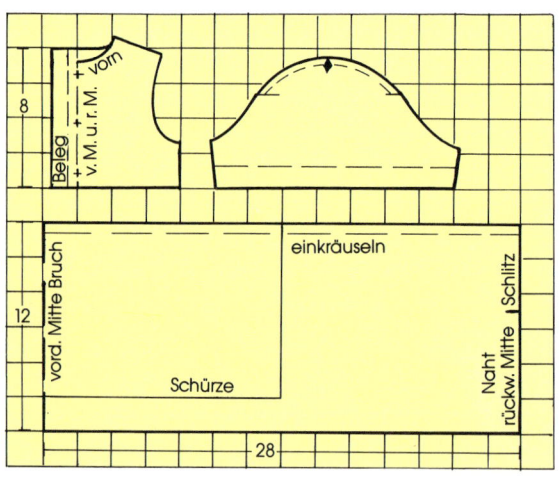

Getupftes Kleid und Schürze

Die Armkugeln einkräuseln und in die Armausschnitte nähen. Die Spitze von links an den Halsausschnitt steppen, nach rechts umbiegen und noch einmal feststeppen (sie wirkt dann wie ein Paspel). Die rückwärtige Mittelnaht im Rock bis zum Schlitzzeichen schließen. Den Rock an der oberen Kante auf Passenweite einkräuseln und rechts auf rechts an die Passe steppen. Ärmel- und Seitennähte in einem Arbeitsgang schließen. Den rückwärtigen Verschluß 1 cm breit umsteppen. Mit Klettband oder zwei Druckknöpfen schließen. Die drei kleinen Knöpfe blind darübernähen. Das Kleid säumen.

Schürze
Material: 15 x 35 cm Stoff.
Nähen: Die Schürze ist im Kleiderschnitt eingezeichnet. Sie wird an den Seiten gesäumt. Die obere Kante auf 11 cm Weite einkräuseln, mit einem ca. 35 cm langen und 3 cm breiten Stoffstreifen einfassen. Die Enden als Bänder hängenlassen. Die Schürze säumen.

19 Gestreiftes Kleid
(Foto Seite 71)

Es hat einen ähnlich einfachen Schnitt wie das Tupfenkleid: Die Passe ist etwas schmaler und kürzer, die Ärmel sind weiter vorn eingesetzt und gerade geschnitten. Nach diesem Schnitt können Sie auch ein Nachthemd (Rock verlängern) oder ein festliches Kleid nähen.

ANLEITUNG
Material: 30 x 55 cm Stoff; 70 cm Spitze, 2 cm breit; 16 cm Gummiband, 0,3 cm breit; 2 Druckknöpfe oder 7 cm Klettband.
Nähen: Alle Schnitteile mit 1 cm breiten Nahtzugaben zuschneiden. Die Schulternähte schließen. Die Ärmel säumen. Von links 8 cm Gummiband gedehnt untersteppen. Die Armkugeln einkräuseln und die Ärmel an die Passe steppen. Nahtzugaben nach innen legen und noch einmal von rechts schmal absteppen. Spitze wie einen Stehkragen in den Halsausschnitt nähen: rechts auf rechts legen, steppen, die Nahtzugaben etwas dehnen, nach innen kippen und noch einmal von rechts

schmal absteppen. Die Ärmelnähte schließen. Die rückwärtige Mittelnaht im Rock bis zum Schlitzzeichen zunähen. Den Rock auf die Oberteilweite einkräuseln und rechts auf rechts ansteppen. Die Nahtzugaben ins Oberteil legen und noch einmal von rechts schmal absteppen. Die rückwärtigen Schlitzkanten 1 cm breit umsteppen. Die Spitze rechts auf rechts an den Saum steppen, die Nahtzugaben nach innen legen, noch einmal von rechts schmal absteppen. Das Kleid im Rücken mit zwei Druckknöpfen oder Klettband schließen.

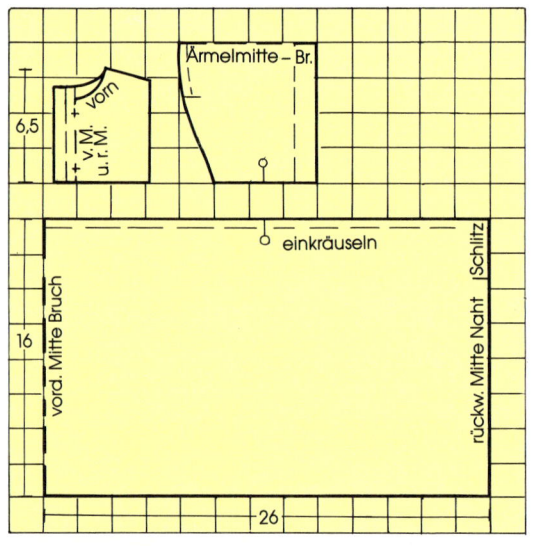

Gestreiftes Kleid

20 Sepplhose, Trachtenjacke und Bluse

Eine besonders niedliche Kombination für Puppen. Sie können diese Sachen aus Filz oder Leder nähen: Hier ist beides kombiniert. Die Jacke ist aus Filz, die Hose aus Leder. Diese Materialien haben den Vorteil, daß die Kanten nicht versäubert werden müssen, so daß auch die kleinen Besätze wenig Arbeit machen.

Die Bluse ist der ideale Grundschnitt für viele verschiedene Oberteile. Wenn sie aus kariertem oder geblümtem Stoff genäht wird und statt des Bubikragens ein Stück Spitze am Halsausschnitt bekommt, sieht sie jeweils ganz anders aus.

ANLEITUNGEN

Hose

Material: 15 x 30 cm Leder, Filz oder Loden; rote Filz- oder Lederreste; 3 Druckknöpfe.

Nähen: Die Hosenteile nur an der Mittelnaht mit 0,5 cm Nahtzugaben zuschneiden, sonst keine Nahtzugaben zugeben. Den Obertritt für den Hosenschlitz aus dem Schnittschema herauskopieren und ohne Nahtzugaben zuschneiden. Zwei Hosenträger, 20 x 0,5 cm, zuschneiden. Den großen Hosenlatz nach der Zeichnung aus Filz, den kleinen aus Leder, beide ohne Nahtzugaben zuschneiden. Zwei Taschen nach der Zeichnung bei der Jacke aus rotem Filz zuschneiden. Zwei Bündchen, 14 x 0,5 cm, für die Hosenbeine und ein Bündchen, 26 x 0,5 cm, für den Hosenbund zuschneiden. Die Hosennaht bis zum Obertritt-Ansatz schließen. Auf den Obertritt schmale rote Filzpaspel aufsteppen. Sechs kleine Punkte (0,3 cm Durchmesser) wie Knöpfe mit Klebstoff aufkleben oder mit der Hand befestigen. Die kurzen Bündchen an die Hosenbeine steppen, dabei an den Seiten offenlassen. Das lange Bündchen auf die obere Hosenkante nähen. Den Obertritt Mitte auf Mitte an die Hose steppen. Die Hosentaschen (mit einem schmalen grauen Paspel in der Mitte) seitlich schräg auf die Hose nähen. Die Hosenträger vorn am Obertritt und hinten je 2 cm von

der Mitte entfernt an den Hosenbund nähen. Den kleinen Hosenlatz mit Klebstoff auf den großen kleben. Den fertigen Latz in ca. 4 cm Höhe an die Vorderträger nähen. Die Bündchen mit je einem Druckknopf schließen.

Jacke

Material: 15 x 40 cm roter Filz, Loden oder Leder; graue Filz- oder Lederreste.
Nähen: Bei den Jackenteilen nur an den Schulter-, Seiten- und Ärmelnähten 0,5 cm Nahtzugaben zugeben. Alle anderen Kanten ohne Nahtzugaben zuschneiden. Aus grauem Leder zuschneiden: für die Ärmel ca. 8 x 0,5 cm lange Riegel, ebenso zwei Taschen (siehe Zeichnung), sechs kleine „Knöpfe" (je 0,3 cm Durchmesser) und schmale, möglichst lange Paspelstreifen. Außerdem zwei kleine „Knöpfe" aus rotem Filz. Die Schulternähte übereinanderlegen und steppen. Die Armkugeln ganz knapp auf die Jacke steppen. Die Ärmel- und Seitennähte schließen, dabei die Riegel 1 cm von der Ärmellänge entfernt mitfassen. Rundherum schmale graue Paspelstreifen auf die Jacke steppen. Die Taschen schräg aufsteppen, dabei einen schmalen roten Streifen wie einen Paspel in die Mitte nähen. Die kleinen grauen Knöpfe mit Klebstoff aufkleben oder mit der Hand befestigen. Mit den roten Knöpfen die Ärmelriegel festhalten.

Bluse

Material: 20 x 40 cm weißer Baumwollstoff; 3 Druckknöpfe.
Nähen: Alle Teile mit 0,5 cm breiten Nahtzugaben zuschneiden. Die Schulternähte schließen, die Armkugeln einsteppen. Den Kragen verstürzen und wenden. Den Beleg an den Vorderkanten am Ausschnitt verstürzen, wenden, die Nahtzugaben vom Ausschnitt nach innen kippen und schmal auf den Kragen steppen. Die Ärmellängen säumen. Die Ärmel- und Seitennähte in einem Arbeitsgang schließen. Die Bluse säumen, die Vorderkanten absteppen. Mit drei Druckknöpfen schließen.

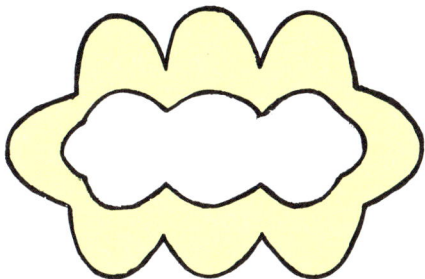
Hosenlatz in Originalgröße

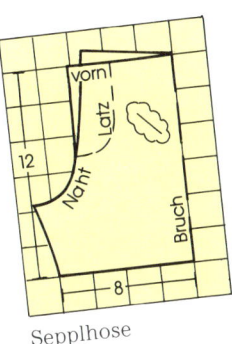
Sepplhose

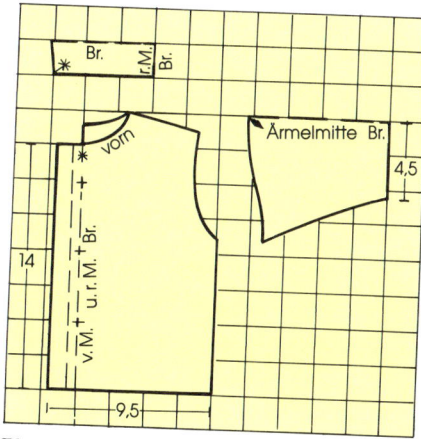
Bluse

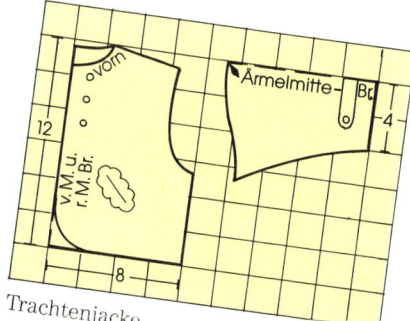
Trachtenjacke

Tasche in Originalgröße

Puppenkleider von Anno dazumal

Vorbild für diese Puppengarderobe sind Schnitte aus der Zeit der Jahrhundertwende. Die Einzelheiten blieben erhalten – nur die Paßformen wurden modernisiert: Die Schnitte sind etwas weiter als die früheren, damit sie nicht nur antiken, sondern auch neuen Puppen passen. Das Nähen dieser nostalgischen Puppenkleider ist etwas aufwendiger als das der vorangegangenen Sachen. Damit sich die Arbeit auch lohnt, sollten Stoffe und Zutaten etwas kostbarer sein als sonst.

21
Batistkleid

Alle Schnitte dieses Kapitels passen Puppen von ca. 40 cm Größe.

21 Batistkleid

Auf dem Foto sitzen alt und neu nebeneinander: Die antike Porzellanpuppe (links) trägt ein ebenfalls antikes Leinenkleid, die moderne Puppe (rechts) ein neues Batistkleid im alten Stil. Das Kleid hat einen einfachen Hängerschnitt, der in Hüfthöhe eingekräuselt wird. Darüber kommt eine Hüftschärpe mit aufgenähtem Band. Spitzen am Saum und an den Ärmeln und ein spitzenbesetztes Unterkleid (siehe S. 99) vollenden den romantischen Eindruck. Wenn Sie das Kleid aus Spitze nähen, wirkt es natürlich besonders kostbar. Tip: Neue, weiße Spitzen in schwarzen Tee tauchen – dann bekommen sie eine schöne „alte" Färbung.

Oft sind die Spitzen von verschlissenen alten Blusen oder Nachthemden noch wunderschön. Heben Sie sie auf, oder halten Sie auf Flohmärkten danach Ausschau. Für feine Puppenkleider sind sie ideal.

ANLEITUNG

Material: 60 x 85 cm weißer Tupfenbatist; 200 cm Spitze, 2 cm breit; elastischer Nähfaden; 40 cm rosafarbenes Schleifenband, 1,5 cm breit; 40 cm schmales Durchzugsbändchen; 3 Druckknöpfe.

Nähen: Sie können lange oder kurze Ärmel in das Kleid nähen. Die kurze Länge ist gestrichelt angegeben. Alle Teile mit 1 cm Nahtzugabe zuschneiden. Ein Hüftband 40 x 5 cm zuschneiden. Die rückwärtigen Kanten, doppelt eingeschlagen, 1 cm breit umbügeln. Die Halsausschnittkanten umbügeln, einschlagen und als Tunnel für das Durchzugsbändchen feststeppen. Die Spitze einkräuseln, von ✽ bis ✽ auf die Armkugeln stecken und feststeppen. Armkugeln einkräuseln und einsteppen. Die Ärmelsäume umbügeln, schmal einschlagen und Spitze so daruntersteppen, daß sie ca. 1,5 cm hervorguckt. Ärmelsaum und Spitze mit zwei Reihen elastischem Nähfaden ca. 0,5 cm vom Rand entfernt einkräuseln (die Fäden noch nicht befestigen). Ärmel und Seitennähte schließen, die Nahtzugaben schmal abschneiden und zusammenkanteln. Die Gummifäden auf Puppenarmweite anziehen und verknoten. Die umgebügelten rückwärtigen Kanten an Hüfte und Saum wieder auslassen. Den Kleidersaum einschlagen, Spitze darüberlegen und feststeppen. In Hüfthöhe wie eingezeichnet zwei Kräuselreihen steppen und auf 40 cm Weite zusammenziehen. Die Kanten am Hüftband 1 cm breit umbügeln. Das rosafarbene Schleifenband in die Mitte des Hüftbandes steppen. Das Hüftband auf die eingekräuselte Hüftpartie stecken und knappkantig festnähen. Die rückwärtigen Kanten wieder einbügeln, am Hüftband und am Saum mit ein paar Stichen befestigen. Das Durchzugsbändchen in die Ausschnittunnel ziehen. Die rückwärtigen Kanten mit Druckknöpfen schließen.

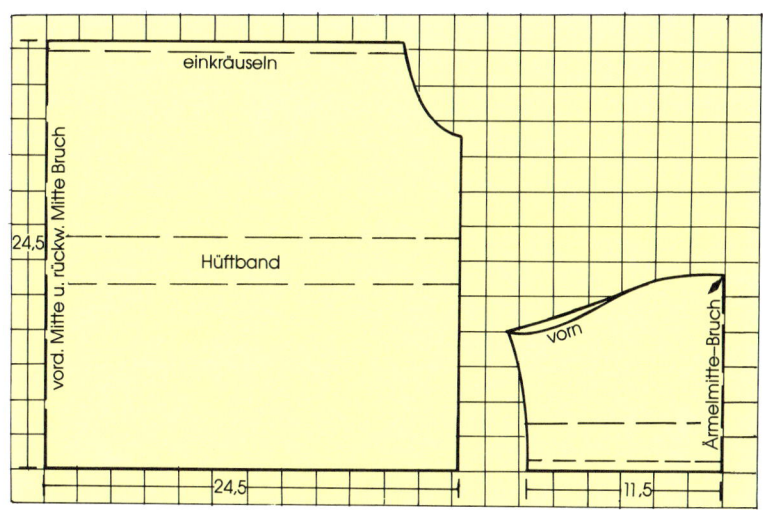

Batistkleid

22 Spitzenkleid und Matrosenanzug

Diese Schnitte sind typisch für die Zeit der Jahrhundertwende. Auf heutige Maße übertragen passen sie auch modernen Puppen. Das Kleid hat eine spitze Passe, die Ärmel sind weit angekraust. Das üppige Jabot aus zarter Baumwollspitze wird angekräuselt und aufgenäht. Dieselbe Spitze schmückt auch den Kleidersaum, die Ärmel und das altmodische Häubchen. Der Matrosenanzug besteht aus einer Hose mit angenähtem Leibchen und einer Bluse. Auch die Matrosenmütze können Sie nachnähen. Die Schnitte eignen sich auch für andere Stoffe: Geblümt, kariert oder einfarbig sehen die Sachen ganz anders aus.

ANLEITUNGEN

Spitzenkleid
Material: 50 x 80 cm fester weißer Baumwollstoff; 300 cm Festonspitze, 5,5 cm breit, und 50 cm Festonspitze, 1,5 cm breit (diese Spitze kommt auch an das Häubchen, siehe S. 82); elastischer Nähfaden; 3 Druckknöpfe.

Nähen: Sie können lange oder kurze Ärmel in das Kleid nähen. Die kurze Länge ist gestrichelt angegeben. Für die Nähte und die zu verstürzenden Kanten 0,7 cm breite Nahtzugaben und für die Ärmelsäume 1,5 cm zugeben. Das Oberteil doppelt zuschneiden. Für den Rock gibt es keinen Schnitt. Er ist 70 cm lang und 20 cm breit. Die Schulternähte schließen und auseinanderbügeln. Die Oberteile rechts auf rechts legen und an den rückwärtigen Kanten und am Halsausschnitt schmal zusammensteppen. Wenden, bügeln und die noch offenen Kanten aufeinanderheften. Die Ärmelsäume umbügeln und feststeppen. Schmale Spitze unter die Kante nähen. Mit je zwei Kräuselreihen mit elastischem Nähfaden einkräuseln (die Fäden noch nicht befestigen). Armkugeln einkräuseln und einsteppen. Ärmel und Seitennähte schließen. Die Gummifäden auf Puppenarmweite anziehen und verknoten. Die rückwärtige Rocknaht bis auf einen 6 cm langen Schlitz zunähen. Den Rocksaum 1 cm breit umsteppen. Von der breiten Spitze je zwei 100 cm lange Stücke

abschneiden, jeweils zum Ring schließen. Die obere Kante 1 cm breit umbügeln, 0,5 cm von der Kante entfernt einkräuseln, so daß ein Köpfchen entsteht. Die untere Rüsche 2 cm, die obere Rüsche 3,5 cm von der Rockkante entfernt in der Kräusellinie auf den Rock steppen. Die obere Rockkante einkräuseln und an das Oberteil nähen. Für das Jabot den Rest der breiten Spitze in vier Teile teilen. Je zwei Stücke aufeinanderlegen und an einem Ende eine V-Ausschnittspitze abnähen. Die anderen Schnittkanten säumen. Beide Spitzenstücke – wie oben beschrieben – mit einem Köpfchen einkräuseln, die eine Rüsche auf 15 cm, die andere auf 12 cm. Die längere Rüsche zuerst auf das Vorderteil steppen (in der Mitte 2,5 cm frei lassen): senkrecht vom Halsloch an 7,5 cm, danach in einer Rundung wieder nach oben. Die kürzere Rüsche wird in die freigelassene Öffnung gesteppt. Den Rückenverschluß mit Druckknöpfen schließen.

Spitzenhäubchen

Material: 25 x 50 cm fester weißer Baumwollstoff; 75 cm Festonspitze, 1,5 cm breit; elastischer Nähfaden.

Nähen: Den Papierschnitt vom Viertel zur Häubchen-Hälfte doppeln. Danach das Häubchen zweimal mit 0,7 cm breiter Nahtzugabe zuschneiden. Die Spitze etwas rundbügeln und an den Häubchenrand heften (wird beim Verstürzen 1 cm breit zwischengefaßt). Beide Teile rechts auf rechts aufeinanderstecken und den Rand bis auf eine kleine Öffnung zum Wenden zusteppen. Das Häubchen wenden, die Kante bügeln und die Öffnung mit der Hand zunähen. Zwei Kräuselreihen mit elastischem Nähfaden steppen und die Kräuselgummifäden auf etwa 32 cm Weite zusammenziehen. Die Fäden verknoten und vernähen.

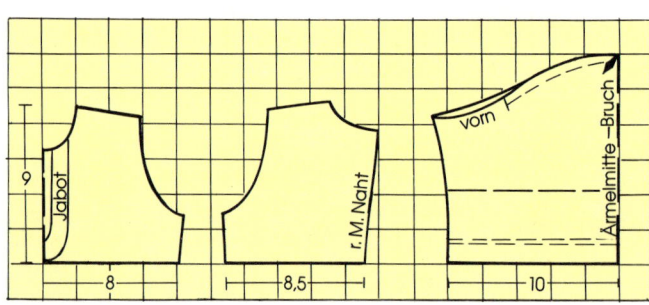

Spitzenkleid

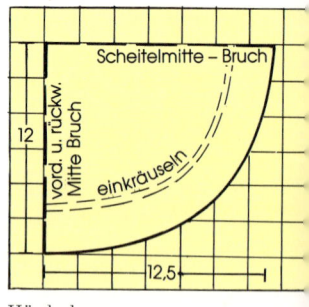

Häubchen

Matrosenhemd

Material: 30 x 40 cm fester weißer Baumwollstoff; 3 Druckknöpfe.

Nähen: An den Nähten 1 cm breite Nahtzugaben, an den rückwärtigen Kanten und am Saum 2 cm und am Halsausschnitt 0,5 cm zugeben. Die Schulternähte steppen. Die Armkugelkanten einkräuseln und die Ärmel in die Armlöcher steppen. An der Ärmellänge drei kleine Fältchen einlegen. Die Ärmelbündchen ansetzen. Danach Ärmelbündchen, Ärmel- und Seitennähte in einem Arbeitsgang schließen. Die Schnittkante am Halsausschnitt mit Zickzackstichen versäubern, schmal umbügeln und knappkantig feststeppen. Den Saum und danach die rückwärtigen Kanten 1 cm breit umsteppen. Die rückwärtigen Kanten mit Druckknöpfen schließen.

Matrosenkragen

Material: 15 x 30 cm blau-weiß gestreifter Baumwollstoff; 70 cm schmale weiße Litze.

Nähen: Den Matrosenkragen zweimal mit 0,7 cm breiten Nahtzugaben zuschneiden. Die Kragenteile rechts auf rechts aufeinanderlegen und die Kanten bis auf eine 3 cm große Öffnung zum Wenden an einer glatten Seite zusteppen. Die Nahtzugaben in der Halsrundung einknipsen, den Kragen wenden und die Kanten bügeln. Die Öffnung mit der Hand zunähen. Auf den Kragenrand Litze steppen und die Enden als Bindebänder lose hängenlassen. Den Matrosenkragen in der rückwärtigen Halsausschnittmitte mit einem Druckknopf auf dem Matrosenhemd befestigen.

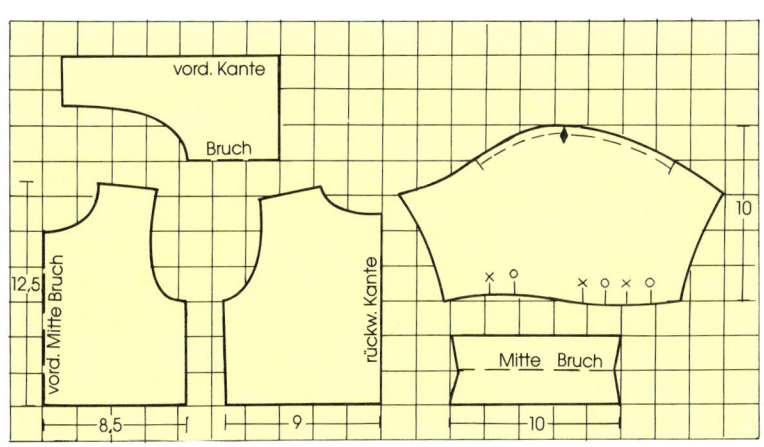

Matrosenhemd und -kragen

Matrosenmütze

Material: 20 x 30 cm fester weißer Baumwollstoff; 5 x 30 cm blau-weiß gestreifter Baumwollstoff; 20 x 30 cm Vlieseline H 200; 55 cm schmale weiße Litze.

Nähen: Das obere und untere Kopfteil mit je 0,5 cm breiten Nahtzugaben aus dem weißen Stoff und den Bündchenstreifen aus dem Streifenstoff zuschneiden. Alle Teile noch einmal aus Vlieseline zuschneiden. Die Einlage auf die Mützenteile bügeln. Den Bündchenstreifen zur Hälfte in den Bruch zusammenlegen und bügeln. Die Kanten an beiden Längsseiten auf 1,5 cm fertige Bündchenbreite einkippen und ebenfalls bügeln. Den Streifen zum Ring schließen (fertige Weite = 29 cm). Von der rückwärtigen Naht aus 10 cm abmessen, an diesem Punkt mit dem Litzeaufsteppen beginnen. Die Enden der Litze bleiben für die Schleife lose hängen. Die Litze 0,5 cm vom Bruch entfernt aufsteppen. Beim Bündchenansetzen müssen Sie ein wenig Geduld aufwenden. Am besten die Ansatzkante vorher ein bißchen dehnen und einknipsen. Die Nahtzugaben zwischen das Mützenbündchen schieben und knappkantig feststeppen. Beide Mützenteile rechts auf rechts aufeinanderstecken und den Rand zusteppen. Die Mütze wenden und bügeln. Die Schleife binden.

Matrosenhose mit Leibchen

Material: 25 x 50 cm blau-weiß gestreifter Baumwollstoff; 15 x 35 cm fester weißer Baumwollstoff; schmales Gummiband (Rundgummiband); schmales Durchzugsbändchen; 1 Druckknopf.

Nähen: Die Hosenteile aus gestreiftem Stoff und das Leibchen aus weißem Stoff mit folgenden Naht-

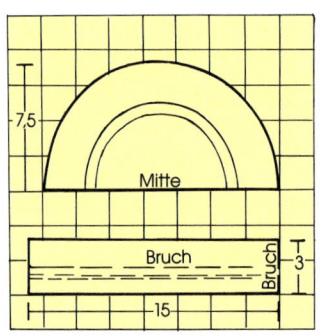

Matrosenmütze

zugaben zuschneiden: innere Beinnähte, Schrittnaht mit Schlitz und obere Hosenkante 1 cm, Hosenbeinsäume 1,5 cm, Arm- und Halsausschnittkanten am Leibchen sowie Schulternähte 0,5 cm, Leibchenlänge 1 cm und rückwärtige Kanten 2 cm. Die inneren Hosenbeinnähte und die Hosenmittelnaht bis zum rückwärtigen Schlitzquerzeichen schließen. Die rückwärtigen Schlitzkanten umbügeln. Die Hosenbeinsäume für den Gummizug 1 cm breit umsteppen und Gummiband einziehen. Die Arm- und Halsausschnittkanten am Leibchen mit Zickzackstichen versäubern, danach schmal nach innen umbügeln und knappkantig feststeppen. Die Schulternähte schließen. Die rückwärtigen Kanten 1 cm breit umsteppen. Zwei Fältchen an der rückwärtigen oberen Hosenkante einlegen und die Hosenkante umbügeln. Die Hose auf das Leibchen stecken und etwa 0,6 cm vom Bruch entfernt feststeppen. Das Durchzugsbändchen in den Taillentunnel einziehen. Das Leibchen am Halsausschnitt mit einem Druckknopf schließen.

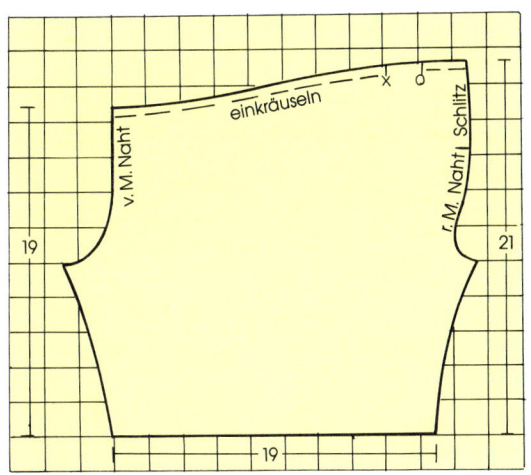

Matrosenhose

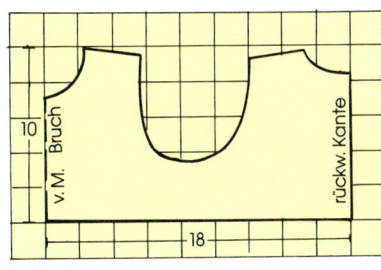

Leibchen

23 Trägerrock und Bluse

Ein Trägerrock im alten Stil, aus Streifenstoff mit weißen Blenden, dazu eine weiße Bluse. Die schlichte Bluse läßt sich durch einen Kragen oder durch Spitzenbesätze am Halsausschnitt verändern. Die Ärmel können statt mit Bündchen an den Handgelenken auch mit einem Gummizug eingehalten werden.

ANLEITUNGEN

Trägerrock

Material: 25 x 65 cm Streifenstoff; 10 x 65 cm fester weißer Baumwollstoff; 1 Druckknopf.
Nähen: Den Rockstreifen 65 cm lang und 18 cm breit zuschneiden. Den Bündchenstreifen 30 cm lang und 5,5 cm breit, zwei Trägerstreifen je 17 cm lang und ebenfalls 5,5 cm breit zuschneiden. Die weiße Rockblende 65 cm lang und 4 cm breit

23 Trägerrock und Bluse

zuschneiden. Die weißen Bündchen- und Trägerstreifen alle 1,8 cm breit und entsprechend lang (siehe oben) zuschneiden. Die rückwärtige Rockmittelnaht bis auf einen 6 cm langen Schlitz zusteppen. Die obere Rockkante auf 28 cm Weite einkräuseln und ein 1,8 cm breites Bündchen ansetzen. Den weißen Streifen an beiden Seiten umbügeln (fertige Breite 1 cm) und auf die Bündchenmitte steppen. Die Träger auf Bündchenbreite verstürzen und ebenfalls weiße Streifen aufsteppen. Die Trägerenden von innen gegen die Bündchenansatzkante stecken (vorn 2,5 cm auseinander, hinten 3,5 cm) und feststeppen. Das Bündchen mit einem Druckknopf schließen. Die Rocklänge nahtbreit umbügeln. Den weißen Blendenstreifen zum Ring schließen, zur Hälfte in den Bruch zusammenlegen und als 1,5 cm breite Blende knappkantig unter die Rocklänge steppen.

Bluse

Material: 20 x 90 cm fester weißer Baumwollstoff; 3 Druckknöpfe.
Nähen: Alle Schnitteile mit 0,7 cm breiten Nahtzugaben zuschneiden. An den rückwärtigen Verschlußkanten und am Saum 1,5 cm breite Nahtzugaben zugeben. Zuerst die Fältchen im Vorderteil von der rechten Stoffseite aus absteppen und zu den Armausschnitten hin bügeln. Die Schulternähte schließen. Die Armkugeln einkräuseln und in die Armausschnitte steppen. Ärmelbündchen verstürzen, die Ärmellängen einkräuseln und die Bündchen ansteppen. Bündchen-, Ärmel- und Seitennähte in einem Arbeitsgang schließen. Den Halsausschnitt mit Zickzackstichen umkanteln, schmal umbügeln und steppen. Den Blusensaum 1 cm breit und die rückwärtigen Kanten auf 1 cm Breite einschlagen und feststeppen. Die Bluse mit Druckknöpfen schließen.

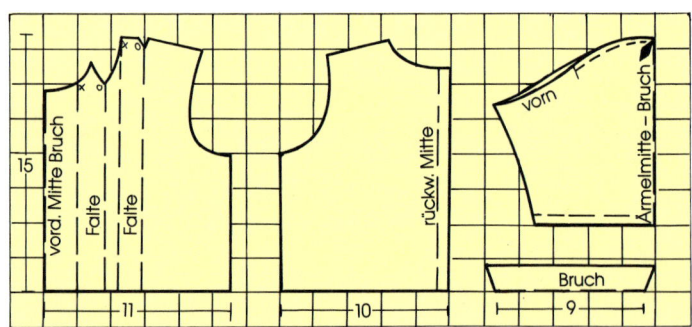

Bluse

Blümchenkleider
(Foto Seite 91)

Sie sehen zwar sehr unterschiedlich aus, werden aber im Prinzip nach einem Schnitt genäht. Der Rock bleibt gleich, die Variationen finden an der Passe statt: Links ist die Rockweite eingekräuselt und auf die gerade Passe gesteppt. Rechts ist der Rock unterhalb der Passe angesetzt, die zusätzlich mit farbigen Paspeln betont wurde. Links liegt eine Spitze um den Ausschnitt, rechts bleibt der Halsausschnitt ganz schlicht. Links sind über dem Rocksaum Falten eingelegt, rechts ist eine Rüsche angenäht. Diese (und andere) Näh-Ideen können Sie je nach Laune, Stoff und Puppe variieren. Im Schnitt sind außerdem noch verschiedene Ärmellängen eingezeichnet.

ANLEITUNGEN

Kleid mit Passe
Material: 45 x 90 cm Stoff; elastischer Nähfaden; 2 Druckknöpfe.
Nähen: Sie können kurze oder lange Ärmel in das Kleid nähen. Die kurze Länge ist gestrichelt angegeben. Die Schnitteile mit folgenden

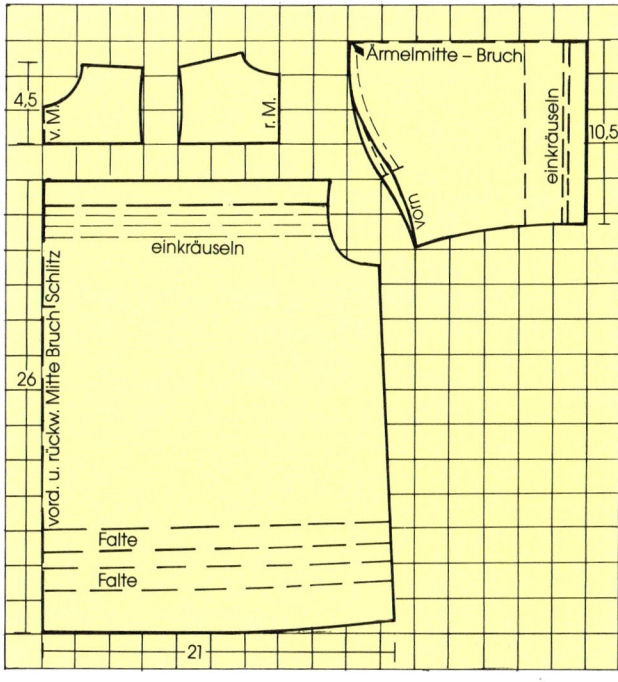

Blümchenkleider

Nahtzugaben zuschneiden: Nähte und Ansatzkanten 1 cm, Ärmel- und Kleidersaum 2 cm, Halsausschnitt und rückwärtige Passenkante nur 0,5 cm. Die Passe doppelt zuschneiden. Schulternähte schließen. Die Passenteile rechts auf rechts legen, an den rückwärtigen Kanten und am Halsausschnitt entlangsteppen, wenden und bügeln. Die noch offenen Kanten zusammenheften. Die rückwärtige Mittelnaht vom Rock bis zum Querzeichen schließen. Die oberen Kanten in der ersten gestrichelten Linie des Schnittes nach innen bügeln. Die Kanten dreimal mit elastischem Nähfaden auf Passenweite einkräuseln. Vorder- und Rückenteil in der ersten obersten Kräuselreihe auf die Passe steppen. Die rückwärtigen Schlitzkanten nach innen legen und feststeppen. Die Ärmellängen umbügeln und zweimal mit elastischem Nähfaden einkräuseln (die Gummifäden noch nicht befestigen). Die Armkugeln einkräuseln und in die Armausschnitte steppen. Die Ärmel- und Seitennähte in einem Arbeitsgang schließen. Die Gummifäden am Ärmelsaum auf Puppenarmweite anziehen und verknoten. Das Kleid

24

**Blümchen-
kleider**

1 cm breit säumen. Über dem Saum von der rechten Stoffseite aus zwei Fältchen absteppen. Das Kleid im Rücken mit zwei Druckknöpfen schließen. Der Spitzenkragen wird extra genäht (siehe unten) und lose umgebunden.

Kleid mit Paspeln
Material: 50 x 90 cm Stoff; elastischer Nähfaden; 2 Druckknöpfe; 60 cm Schrägband, 2 cm breit.
Nähen: wie beim Kleid oben. Abweichungen: Vor dem Ärmeleinnähen einen 1 cm breiten Paspel an die Armausschnittkante steppen. Die Rockteile zweimal mit elastischem Nähfaden einkräuseln und rechts auf rechts an die Passe steppen. Dabei einen 1 cm breiten Paspel zwischenfassen. An den Rocksaum eine 3 cm breite, eingekräuselte Rüsche nähen.

Spitzenkragen
Material: 30 cm Festonspitze, 3 cm breit; 40 cm schmales Durchzugsbändchen.
Nähen: Die schmalen Seiten der Spitze versäubern. Die glatte Längskante für das Durchzugsbändchen schmal umsteppen. Das Bändchen einziehen und die Spitze auf Halsweite zusammenschieben.

25 Zweiteiliges Kleid

Zum Blümchenkleid mit Jacke gehört ein kurzer Unterrock, üppig garniert mit Spitzen. Das Kleid hat eine ärmellose Passe, die ohne Seitennähte zugeschnitten wird. Darauf wird das Spitzenjabot aufgenäht, das unter der Jacke hervorguckt. Die Jacke hat weiß belegte Revers, ihre Ärmel sind bauschigweit. Kleid und Jacke eignen sich auch für einfarbige Stoffe. Früher wurden der Stoff der Kleidpasse und die Revers der Jacke farblich aufeinander abgestimmt.

ANLEITUNGEN

Jacke
Material: 25 x 55 cm Blümchenstoff; 25 x 30 cm fester weißer Baumwollstoff; 70 cm feine weiße Klöppelspitze, 1,2 cm breit; 1 Haken mit Öse.
Nähen: Vorder-, Rückenteil und Ärmel aus Blümchenstoff mit 1 cm

breiter Nahtzugabe zuschneiden. Außerdem Vorder- und Rückenteil aus weißem Stoff zuschneiden. Die Schulternähte in Oberstoff und Futter und die Seitennähte vorerst nur im Futter schließen. Die Armkugeln einkräuseln und die Ärmel in die Armlöcher steppen. Die Ärmelsäume schmalsäumen, Klöppelspitze von außen an der unteren Kante feststeppen. Ärmel- und Seitennähte im Blümchenstoff in einem Arbeitsgang schließen. Auf die vorderen Kanten und auf die Halsausschnittkante Klöppelspitze heften (sie wird beim Verstürzen der Kante ganz schmal zwischengefaßt). Damit die Spitze an den Reversecken genug Weite hat, müssen Sie die Spitze an diesen Punkten ein wenig einkräuseln oder in kleine Fältchen legen. Beide Jackenteile rechts auf rechts aufeinanderstecken und bis auf eine 4 cm lange Öffnung an der rückwärtigen Länge zusteppen. Die Jacke durch die Öffnung wenden, bügeln und den Saum knappkantig absteppen. Dabei wird automatisch die Öffnung zugenäht. Das Futter mit überwendlichen Stichen an den Armlochkanten festnähen. Die Fältchen, wie eingezeichnet, an der Jackenlänge einlegen und zusteppen. An die vorderen unteren Taillenkanten einen Haken und eine Öse annähen.

Rock mit Leibchen

Material: 35 x 80 cm dünner Blümchenstoff; 45 cm feine Klöppelspitze, 2,5 cm breit; 3 Druckknöpfe.
Nähen: Für den geraden Rock gibt es keinen Schnitt. Den Rockstreifen 77 cm lang und 20 cm breit zuschneiden. Das Leibchen an den Hals- und Armausschnittkanten sowie an den Schulternähten mit 0,5 cm breiten Nahtzugaben, an allen anderen Kanten mit 1 cm breiten Nahtzugaben zuschneiden. Die rückwärtige Rockmittelnaht bis auf einen 6 cm langen Schlitz zusteppen. Den Saum 2,5 cm breit nach innen umbügeln. Danach die Rockkante noch einmal genauso breit

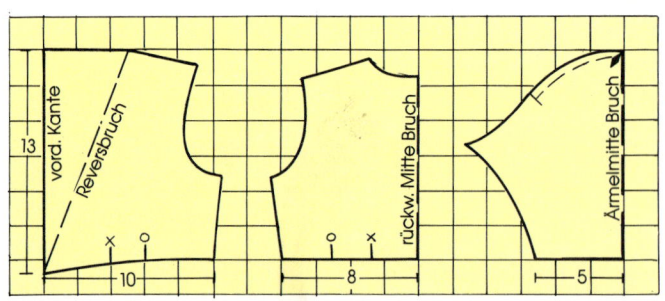

Jacke

umlegen und diesen Bruch als Fältchen 0,5 cm breit absteppen (die Schnittkante vom Saum liegt im gesteppten Fältchen). Die obere Rockkante in 1 cm breite und 2 cm tiefe Fältchen einlegen (insgesamt sind es 25 Fältchen) und heften. Beim Leibchen die Schnittkanten der Hals- und Armausschnitte mit Zickzackstichen versäubern, nach innen umbügeln und die Schulternähte schließen. Die umgebügelten Kanten knappkantig feststeppen. Die rückwärtigen Schlitzkanten säumen und den Rock an das Leibchen steppen. Den rückwärtigen Schlitz mit Druckknöpfen schließen. Die Schnittkanten der Klöppelspitze einrollen und säumen. Die Spitze auf 10 cm Weite einkräuseln und beide Enden an der vorderen Mitte am Halsausschnitt feststecken. Die Spitze so auf die vordere Mitte steppen, daß die Kräuselkanten gegeneinanderstoßen.

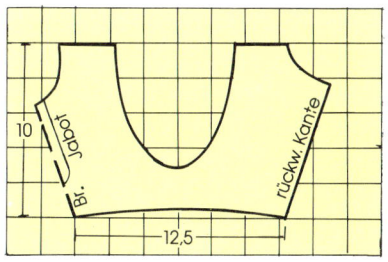

Leibchen

26 Nachthemd
(Foto Seite 96)

Hier läuft die Passe spitz nach unten zu – eine Form, die sich auch für Kleider gut eignet. Die Ärmel sind diesmal lang und nicht ganz so weit und werden am Saum von einem schmalen Bündchen eingehalten. Passe und Bündchen sehen besonders hübsch aus durch die rosafarbenen Stickkanten im Fischgrätenstich. Das passende Häubchen entsteht nach einem einfachen Schnitt.

ANLEITUNGEN

Nachthemd
Material: 40 x 90 cm Stoff; 2 Druckknöpfe; rosafarbener Sticktwist.
Sticken: Vor dem Zusammensteppen der Teile den Fischgrätenstich nach der Stickzeichnung mit geteiltem Sticktwist (2fädig) auf Passenkante und Ärmelbündchen sticken.
Nähen: Die Passe und die rückwärtige Mitte wie beim Kleid (siehe S. 89.) arbeiten. Die oberen Kanten der Rockteile auf Passenweite einkräuseln. Die unteren Passenkanten umbügeln und knappkantig auf die Rockteile steppen. Die Ärmelbündchen an die Ärmellängen steppen. Die Armkugeln einkräuseln und in die Armausschnitte nähen. Ärmel-

bündchen-, Ärmel- und Seitennähte in einem Arbeitsgang schließen. Den Saum 1 cm breit umsteppen. Das Nachthemd mit zwei Druckknöpfen im Rücken schließen.

Häubchen

Material: 20 x 50 cm fester weißer Baumwollstoff; 80 cm Festonspitze zum Zwischenfassen (fertige Spitzenbreite 1,3 cm); 85 cm schmales Trägerband.

Nähen: Das Häubchen zweimal mit 0,7 cm breiter Nahtzugabe zuschneiden. Die Spitze auf 52 cm Weite einkräuseln und von ✶ bis ✶ an den vorderen Häubchenrand heften (sie wird beim Verstürzen zwischengefaßt). Oberstoff und Futter rechts auf rechts aufeinanderstecken und die Häubchenkante rundherum bis auf eine kleine Öffnung zum Wenden am unteren Rand zusteppen. Das Häubchen wenden und die Kanten bügeln (die gekräuselte Spitze nicht platt bügeln). Den unteren Rand im Nacken zwischen den Querzeichen auf etwa 8 cm einkräuseln und von innen Trägerband gegen die Kräuselkante steppen. Für das vordere Köpfchen zwei Kräuselreihen, wie eingezeichnet, steppen und die Kräuselfäden auf 26 cm Weite anziehen. Von außen Trägerband über die Kräuselkante steppen und die Enden als Bindebänder lose hängenlassen.

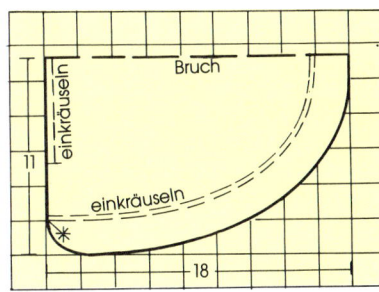

Häubchen

Fischgrätenstich

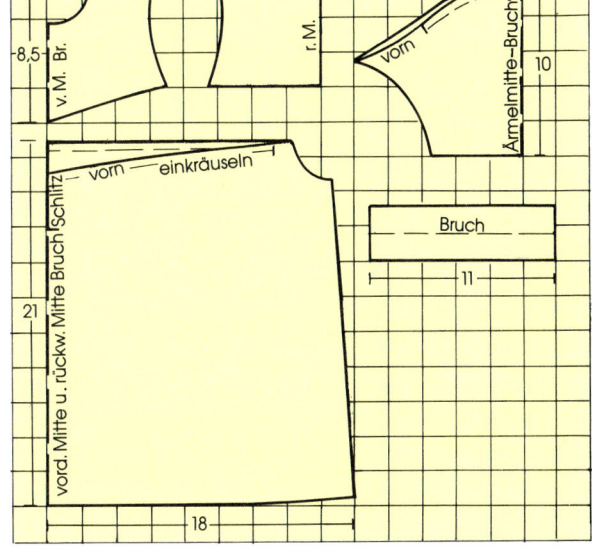

Nachthemd

27 Unterkleid

Ein Kleidungsstück, das immer paßt: Ausschnitt und Saum werden mit Spitzen besetzt. Dadurch kann das Unterkleid oben und unten hübsch herausgucken – ganz gleich, ob darüber eine Bluse oder ein Kleid getragen wird. Das Unterkleid wird auf den Schultern geschlossen und ist dadurch besonders leicht an- und auszuziehen.

ANLEITUNG

Material: 30 x 55 cm fester weißer Baumwollstoff; 110 cm Festonspitze, 1 cm breit; 2 Druckknöpfe.

Nähen: An allen Kanten und Nähten 0,7 cm breite Nahtzugaben zugeben. Die Seitennähte und die rückwärtige Mittelnaht schließen, die Schnittkanten zusammenkanteln und zu einer Seite bügeln. Die Spitze passend zur Ausschnittform rundbügeln und mit dichten, kleinen Zickzackstichen aufkanteln, auch am Saum. Die überstehenden Nahtzugaben bis zur Kantellinie wegschneiden. Die Schultern mit Druckknöpfen schließen.

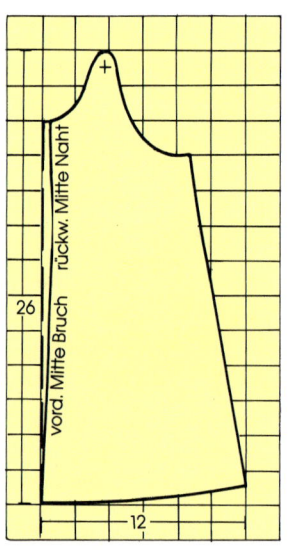

Unterkleid

Für Puppen wie Annie und Till

Annie und Till sind Künstlerpuppen, die von Hand modelliert wurden. Sie haben feingeschnittene Gesichter und auffallend lange, schmale Körper – wie viele antike Puppen. Für diese Art Puppen können Sie besonders schöne und aufwendige Kleidung im alten Stil nähen. Tip: Vergleichen Sie die Maße Ihrer Puppe mit denen von Annie und Till. Der Schnitt läßt sich in Länge und Weite leicht abändern (siehe Seite 8/9).

Alle Schnitte dieses Kapitels passen Puppen, die wie Annie 56 cm oder wie Till 50 cm groß sind.

28

Baumwollhemden und Unterhose

28 Baumwollhemden und Unterhose

Typisch für Puppenkleider im alten Stil sind Hemden aus weißem Baumwollstoff, besetzt mit Spitzen. Sie können als Nachthemd oder als Unterkleid angezogen werden oder auf Blusenlänge gekürzt werden. Annies Hemd hat eingesetzte Ärmel und wird am Halsausschnitt in Falten gelegt. Unter dem Hemd versteckt sich eine wadenlange Unterhose mit altmodischen Fältchen und Spitzenbesatz, die gut unter Röcke und Kleider paßt. Tills Hemd hat angeschnittene Ärmel und ist besonders einfach zu nähen.

ANLEITUNGEN

Annies Hemd

Material: 40 cm Batist, 90 cm breit; 120 cm Festonspitze, 1 cm breit; 20 cm schmales Gummiband; 2 Druckknöpfe.

Nähen: Alle Schnitteile mit 1 cm Nahtzugaben zuschneiden. Die Schulternähte schließen. Fältchen am vorderen Halsausschnitt einlegen und Festonspitze mit kleinen Zickzackstichen auf die Ausschnitt-

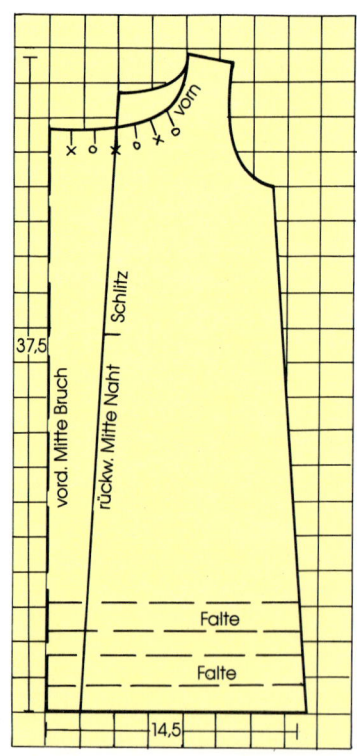

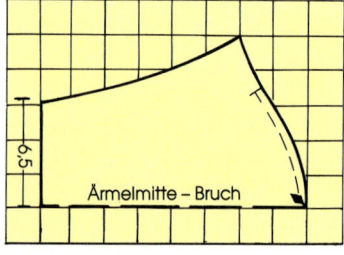

Annies Hemd

kante steppen. Die überstehende Nahtzugabe bis zur Kantellinie wegschneiden. Die Spitze genauso auf die Ärmellängen steppen. Etwa 9 cm Gummiband gedehnt unter die Spitzenansatzkante steppen. Die Armkugeln einkräuseln und die Ärmel in die Armlöcher steppen. Die Ärmel- und Seitennähte sowie die rückwärtige Mittelnaht bis zum Querzeichen schließen. Die rückwärtigen Schlitzkanten umsteppen und mit zwei Druckknöpfen schließen. Auf den Saum Festonspitze steppen und die Fältchen wie eingezeichnet von der rechten Stoffseite absteppen.

Annies Unterhose

Material: 30 x 55 cm Batist; 40 cm Festonspitze, 1 cm breit; 75 cm Durchzugsbändchen.

Nähen: Das Hosenteil mit 1 cm breiten Nahtzugaben zuschneiden. Den Bündchenstreifen 35 cm lang und 3,5 cm breit zuschneiden. Die Festonspitze mit kleinen Zickzackstichen auf die Hosenbeinlängen steppen und die Nahtzugaben bis zur Kantellinie wegschneiden. Die Fältchen, wie eingezeichnet, steppen. Die Hosenbeine schließen. Danach beide Hosenteile bis zum rückwärtigen Schlitzquerzeichen zusammensteppen. Die Schlitzkanten schmal umsteppen. Die obere Hosenkante einkräuseln und ein 1 cm breites Hosenbündchen ansetzen. Das Durchzugsbändchen in das Hosenbündchen ziehen.

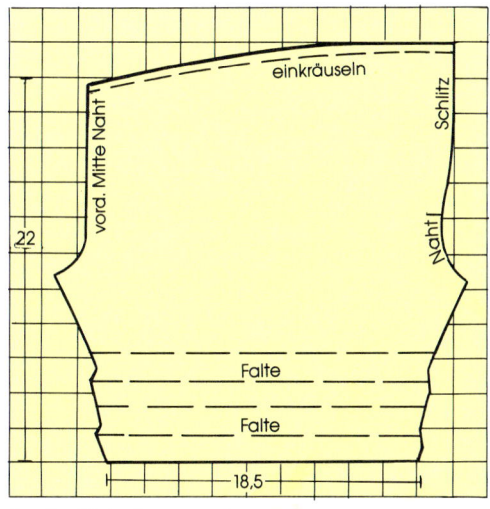

Annies Unterhose

Tills Hemd

Material: 50 x 70 cm Batist; 50 cm Festonspitze, 1 cm breit; 50 cm Durchzugsbändchen.

Nähen: Die Schnitteile mit 1 cm breiten Nahtzugaben zuschneiden. Die Schulternähte schließen. In der rückwärtigen Mitte einen Schlitz einnähen (entweder mit einem Belegstreifen verstürzen oder mit Schrägband einfassen). Die Ausschnittkanten umbügeln, schmal einschlagen und steppen. Spitze annähen. Ärmellängen umbügeln, schmal einschlagen und steppen. Spitze annähen. Ärmel- und Seitennähte in einem Arbeitsgang schließen. In der Armrundung leicht dehnen. Nahtzugaben schmal abschneiden und mit Zickzackstichen umkanteln. Saum umbügeln und steppen. Durchzugsbändchen in den Halsausschnitt ziehen.

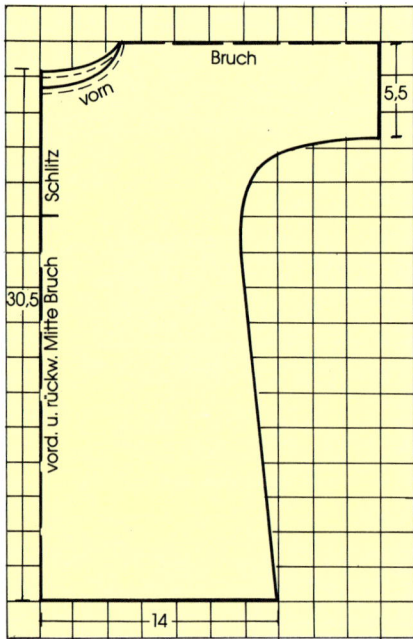

Tills Hemd

29 Hamburger Mäntel
(Foto Seite 106)

Diese klassischen Mäntel in Dunkelblau und Weiß stehen altmodischen Puppen besonders gut. Sie können wie hier aus Kord oder aus Samt oder Wollstoff genäht werden – mit weißen Besätzen aus Pikee. Für Annie gibt es eine passende Mütze, für Till einen Matrosenhut.

ANLEITUNGEN

Annies Mantel
Material: 45 cm Feinkord, 150 cm breit; 15 cm weißer Pikee, 140 cm breit; 6 Perlmuttknöpfe, 0,9 cm Durchmesser; 4 Druckknöpfe.
Nähen: Bei allen Schnitteilen 1 cm breite Nahtzugaben zugeben. Alles in einer Strichrichtung zuschneiden! Das Kinnband für die Mütze ist 2,5 x 8 cm groß. Zwei Taschen 8,5 x 8,5 cm zuschneiden. Den Kragen aus Kord und Pikee zuschneiden. Ärmelaufschläge viermal aus Pikee zuschneiden. Kragen und Ärmelaufschläge verstürzen und bügeln. Ärmelaufschläge auf der Innenseite der Ärmel annähen, Nahtzugaben umkanteln und die Aufschläge nach rechts umdrehen. Schulternähte schließen. Die Armkugeln in Falten legen und einnähen. Die Falten auf den Schultern von rechts absteppen. Ärmel- und Seitennähte schließen. Die Falten in der Rückenmitte einlegen und bis zum Zeichen zusteppen. Kordkragen an die Halsausschnittkante stecken, zusammen mit dem umgelegten Beleg annähen und die Nahtzugaben versäubern. Den Pikeekragen mit einem Schrägstreifen versäubern und mit der Hand annähen. Die Tascheneingriffe umbügeln und steppen, die übrigen Taschenkanten umbügeln und aufsteppen. Saum umbügeln. Den Mantel rundherum 1 cm breit absteppen. Den Mantel mit Druckknöpfen schließen. Die Perlmuttknöpfe blind auf die Vorderseite nähen.

Annies Mütze

Die Abnäher schließen. Das Mittelteil an beide Seitenteile nähen, sowohl in Kord wie in Pikee. Die vorderen Mützenkanten miteinander verstürzen, die unteren Mützenkanten gegeneinander einkippen und knappkantig absteppen. Kinnband an den Längsseiten mit Zickzackstichen versäubern, Schmalseiten 1 cm einschlagen, dreifach zusammenlegen und Kanten absteppen. Das Band am linken Seitenteil annähen, rechts mit Druckknopf schließen.

Tills Mantel und Mütze

Material: 35 cm Feinkord, 150 cm breit; 20 cm weißer Pikee, 90 cm breit; 20 x 35 cm Vlieseline H 200; 80 cm weiße Litze, 0,3 cm breit; 6 Perlmuttknöpfe, 0,9 cm Durchmesser; 3 Druckknöpfe.
Nähen: siehe Annies Mantel (Seite 105). Für die Matrosenmütze einen Rand aus Kord in Längsrichtung zuschneiden (inklusive Nahtzugaben 5 x 33 cm). Das obere und untere Kopfteil mit je 0,5 cm breiten Nahtzugaben aus Pikee und den Bündchenstreifen aus Kord zuschneiden. Kopfteile auch aus Vlieseline zuschneiden. Die Einlage auf die Mützenteile bügeln. Den Bündchenstreifen zur Hälfte in den Bruch legen und bügeln. Die Kanten an beiden Längsseiten auf 1,5 cm fertige Bündchenbreite einkippen und ebenfalls bügeln. Den Streifen zum Ring schließen (fertige Weite 31 cm). Von der rückwärtigen Bündchennaht aus 10 cm abmessen, an diesem Punkt mit dem Litzeaufsteppen beginnen. Die Enden der Litze bleiben für die Schleife noch lose hängen. Die Litze etwa 0,5 cm vom Bruch entfernt aufsteppen. Beim Bündchenansetzen müssen Sie ein wenig Geduld aufwenden. Am besten die Ansatzkante vorher dehnen und einknipsen. Die Nahtzugabe zwischen das Mützenbündchen schieben und knappkantig feststeppen. Jetzt erst beide Mützenteile rechts auf rechts aufeinanderstecken und den Rand zusteppen. Die Mütze wenden und bügeln.

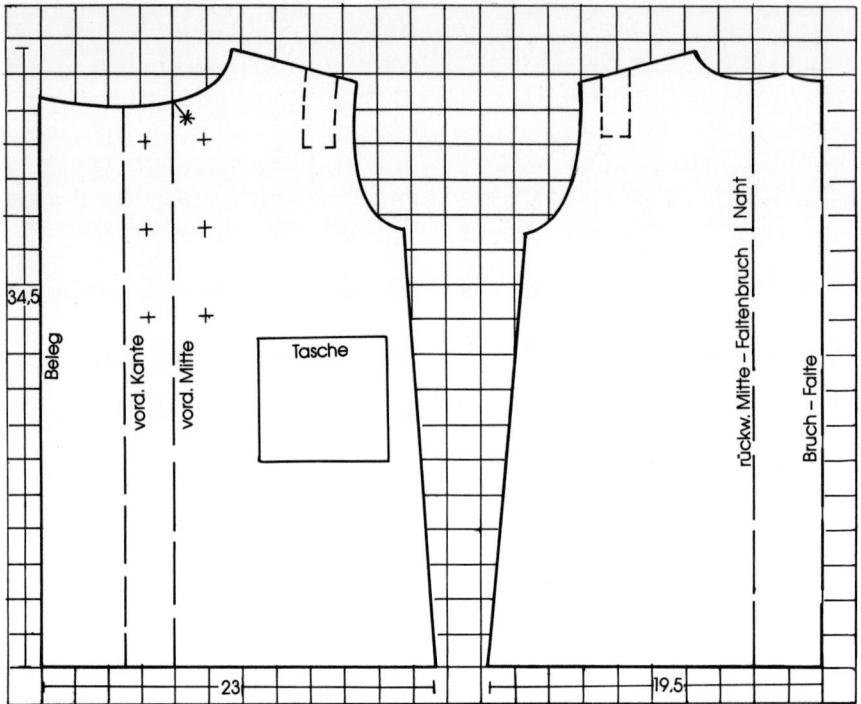

Annies Mantel

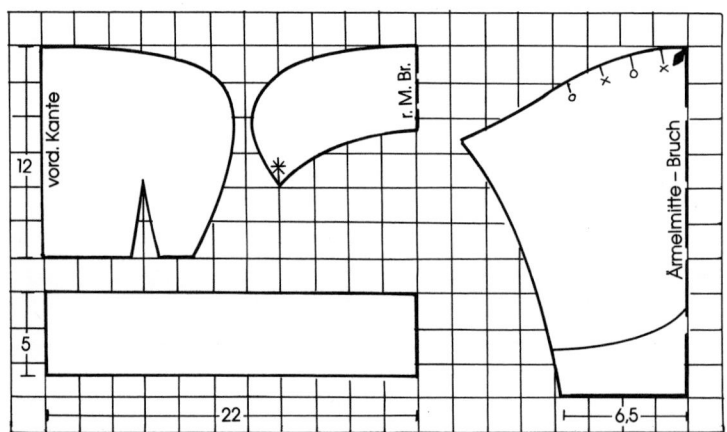

Mütze und Ärmel

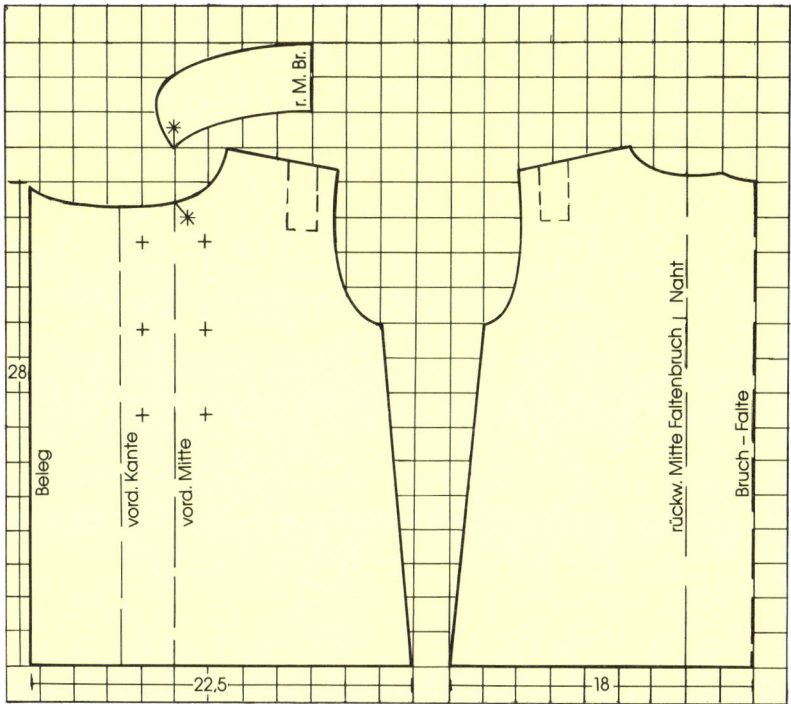

Tills Mantel

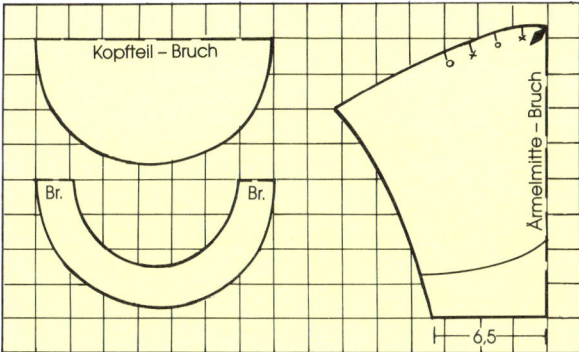

Mütze und Ärmel

30 Matrosenkleid für Annie

Nicht nur Kinder, sondern auch Puppen wurden um die Jahrhundertwende im Marinestil eingekleidet. Annies adrettes, gestreiftes Matrosenkleid wird in tiefe Falten gelegt und hat weite, eingesetzte Ärmel. Der Kragen wird in einem Stück zugeschnitten.
Dunkelblaue Litze schmückt die Ärmel und den Kragen.

ANLEITUNG

Material: 40 cm Streifenstoff, 140 cm breit; 15 x 40 cm weißer Pikee; 150 cm dunkelblaue Litze, 0,3 cm breit; dunkelblaues Schleifenband, 1,6 cm breit; 3 Druckknöpfe.
Nähen: Bei allen Schnitteilen 1 cm breite Nahtzugaben zugeben. Zwei Ärmelbündchen 6 x 12 cm zuschneiden. In Vorder- und Rückenteil die Falten einlegen, bügeln und bis ✶ zusteppen. Schulternähte schließen. Bündchen auf die Hälfte bügeln. Falten an den Ärmellängen einlegen und die Bündchen annähen. Litze auf die Ansatznaht steppen. Die Falten an den Armkugeln einlegen und die Ärmel in die Armausschnitte einnähen. Ärmel- und Seitennähte schließen. Rückwärtige Naht bis zum Schlitz zunähen, Schlitzkanten umsteppen. Die Halsausschnittkante mit einem Schrägstreifen versäubern. Schlitz mit Druckknöpfen schließen. Kragen verstürzen und bügeln, die Litze aufsteppen. Schleifenband bei ✕ unter den vorderen Kragenkanten befestigen.

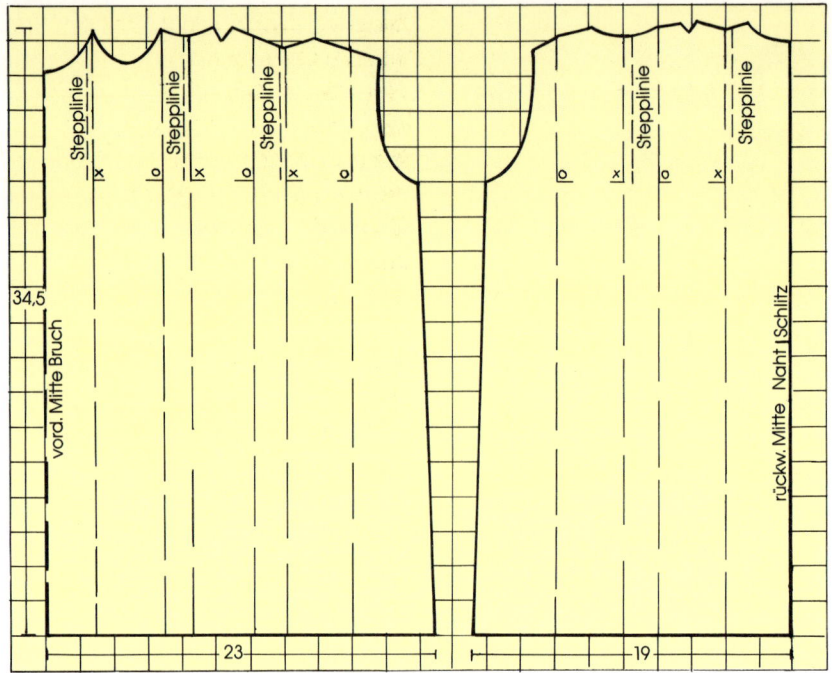

Matrosenkleid für Annie

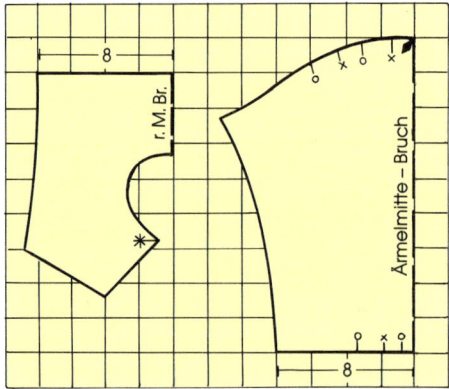

Kragen und Ärmel

31 Matrosenanzug für Till

(Foto Seite 114)

Tills Matrosenanzug besteht aus einer Jacke mit besonders großem Kragen. Darunter trägt er eine Hose, an die ein ärmelloses, weißes Leibchen angenäht wird. Es schaut unter dem Kragen hervor. Wie Annie trägt auch Till eine große, dunkelblaue Schleife. Eine zünftige Ergänzung ist die Matrosenmütze von Seite 107.

ANLEITUNG

Material: 50 cm dunkelblauer Stoff, 90 cm breit; 25 x 65 cm weißer Pikee; 15 x 80 cm weißer Stoff; 120 cm weiße und 60 cm dunkelblaue Litze, je 0,3 cm breit; 45 cm dunkelblaues Band, 1,6 cm breit; 3 Druckknöpfe.

Nähen: Bei allen Schnitteilen 1 cm breite Nahtzugaben zugeben. Das weiße Oberteil für die Hose und den Matrosenkragen doppelt zuschneiden. Matrosenmütze siehe Seite 107. Bei der Hose die Schulternähte schließen. Oberteil rechts auf rechts legen, rückwärtige Kanten, Hals- und Armausschnitte nähen. Oberteil wenden und bügeln. Seitennähte im Oberteil schließen. Den Saum an den Hosenbeinen nach innen umbügeln, zwei Falten einlegen. Den Saum von rechts feststeppen, dabei die weiße Litze mitfassen. Vordere und rückwärtige Hosennaht bis zum Schlitz schließen. Den Schlitz versäubern. Die inneren Beinnähte schließen. Die obere Hosenweite auf die Weite des Oberteils einkräuseln und die Hose an das Oberteil nähen. Das Oberteil mit zwei Druckknöpfen schließen. Bei der Matrosenbluse die Schulternähte schließen. Kragenteile miteinander verstürzen, bügeln, dunkelblaue Litze aufsteppen. Kragen von ✶ bis ✶ so annähen, daß die rechte Seite des Kragens auf der Innenseite der Bluse liegt. Kragen nach außen dre-

hen. Vorn am Kragen kleine Falten einlegen und befestigen. Die Schleife aus dem breiteren Band auf die Kragenenden nähen. Ärmelsäume umbügeln, Fältchen einlegen und die Säume von rechts feststeppen, dabei die weiße Litze mitfassen. Armkugeln in Falten legen und die Ärmel in die Armausschnitte einnähen. Ärmel- und Seitennähte schließen, Bluse säumen.

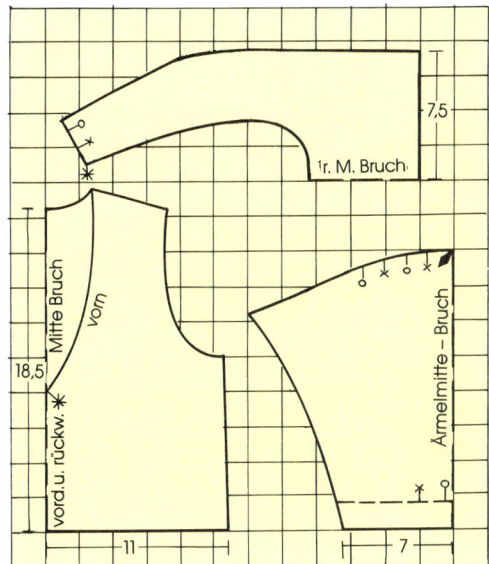

Jacke für Till

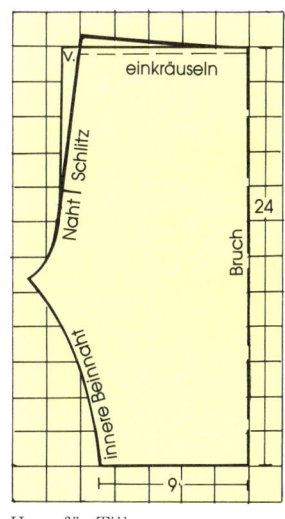

Hose für Till

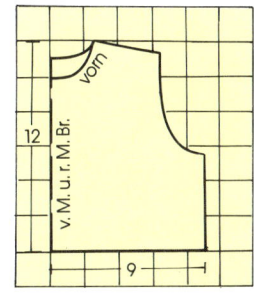

Leibchen

atrosen-
zug für Till

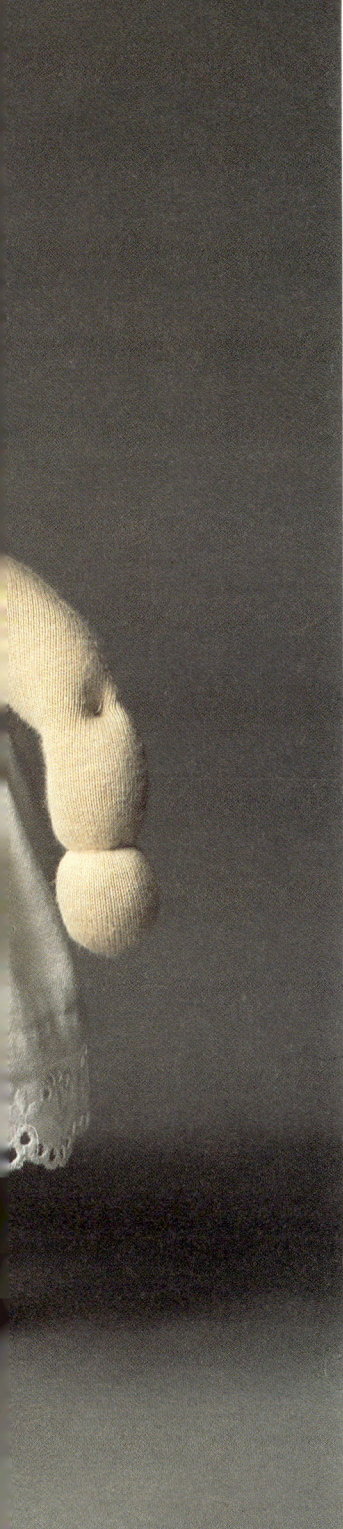

Stoffpuppen zum Selbernähen

Hier können Sie kleine Schmusepuppen (30 cm) nähen: aus Trikotstoff, gefüllt mit weicher, reiner Schafwolle oder (waschbarer) Zauberwatte, die es in Kaufhäusern zu kaufen gibt. Wir zeigen Ihnen Schritt für Schritt, wie die Puppen gemacht werden. Die Augen werden aufgemalt oder gestickt, die Haare aus glatter oder gekräuselter Wolle fest aufgenäht. Besonders niedlich macht sich eine ganze Familie: Vater, Mutter und zwei Kinder zum Beispiel. Die Kleinen entstehen nach demselben Schnitt wie die Eltern: Dafür wird nur die Rastergröße halbiert.

32

Stoffpuppen und Unterwäsche

Diese Sachen passen Puppen von ca. 30 cm Größe.

32 Stoffpuppen und Unterwäsche

Selbstgemachte Stoffpuppen sind beliebte Geschenke. Wenn Sie die Puppen statt aus Jersey aus Frottierstoff nähen, sind sie ideal für Babys und Kleinkinder. Unsere Puppenfamilie trägt feine Unterwäsche. Sie ist für diese Puppen schnell fertig: Hemd und Höschen (links) wurden aus einem Rest Trikotstoff genäht und rundherum mit Spitze eingefaßt (Maße an der Puppe ausprobieren). Die kleinen Stoffstücke lassen sich am besten mit der Hand nähen: Dann sind die Stiche schön elastisch, und die Nähte reißen nicht so schnell. Für das altmodische Unterkleid (rechts) können Sie breite und schmale Spitzenborten verwenden. Die Passe wird (nach den Maßen der Puppe) aus einem schmalen Stück Borte zugeschnitten. Darunter wird der Rock angekraust. Er hat die doppelte Weite der Passe, die Länge richtet sich nach der Bortenbreite und Ihrem Geschmack. Wer will, kann über dem Saum eine breite Falte einlegen. Für die lange Unterhose gibt es einen Hosengrundschnitt (siehe Seite 122).

ANLEITUNG

Stoffpuppe

Material: 35 cm Schlauchbinde, 4 cm breit; 35 cm Trikotstoff, 140 cm breit; 200 g Zauberwatte oder Schafwolle; Wolle für die Haare; Stickgarn fürs Gesicht.

Nähen: Die Puppe wird mit Hilfe der Schlauchbinde (aus der Apotheke oder dem Bandagengeschäft) vorgeformt und erst danach mit dem Trikotstoff überzogen. Die Schlauchbinde an einem Ende schließen. Mit Watte stopfen, bis sich eine ca. 5 cm große Kugel für den Kopf ergibt. Stramm abbinden und einen kleinen Hals formen (etwas Watte hineinziehen). Den Rumpf ca. 7,5 cm lang ausstopfen, abbinden und vernähen. Danach den Kopf mit Trikot überziehen und die Kopfform modellieren (siehe Seite 134). Den Körper mit den Beinen aus Trikotstoff zuschneiden, mit leichten Zickzackstichen zusammennähen. Seitlich jeweils ein Stück für die Arme offenlassen. Wenden und die Beine mit Watte ausstopfen. Die Trikotarme zusammennähen, wenden und mit Watte füllen. Die fertigen Arme fest an die Schlauchform nähen, den Trikotkörper darüberziehen und am Hals und an den Armen festnähen. Die Hände abbinden. Für die Füße ca. 2,5 cm am unteren Ende des Beines nach oben biegen und festnähen. Knie und Ellenbogen mit ein paar Stichen durchnähen. Augen und Mund mit Stickgarn aufsticken. Die Wangen eventuell mit Buntstift anmalen. Die Haare im Spannstich mit Wolle auf den Kopf sticken (siehe Seite 135).

33 Kleider für die ganze Familie
(Foto Seite 120)

Vater in Hemd und Hose (mit Hosenträgern), Mutter im geblümten Kleid, Tochter im einfachen Hängerchen und der Sohn mit weißer Bluse und Sepplhose. Für die großen Sachen gibt es Schnittschemen, die kleinen richten sich nach der Größe der Puppen und werden am besten ausgemessen. Als Grundlage können Sie auch die Schnitte für die Sachen von Vater und Mutter nehmen und entsprechend verkleinern (für die halbe Größe brauchen Sie das Karoraster nur statt mit 2 cm großen Karos mit 1 cm großen Karos zu zeichnen).

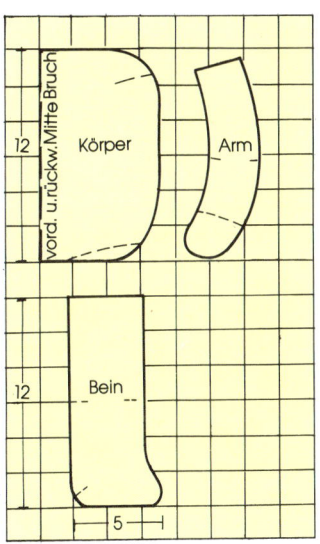

Körper für Stoffpuppe, 30 cm groß

33
Kleider für
die ganze
Familie

ANLEITUNGEN

Vaters Hemd
Material: 15 x 20 cm Stoff; ein Rest weißer Pikee; 2 Druckknöpfe; 2 kleine Knöpfe.
Nähen: Die Schnitteile mit 1 cm breiten Nahtzugaben zuschneiden. Die Schulternähte schließen. Die Ärmellängen auf je 5 cm einkräuseln, mit weißem Pikee 1 cm breit einfassen. Die Armkugeln einkräuseln und in die Armausschnitte nähen. Den Kragen an den Schmalseiten verstürzen, wenden und bügeln. Rechts auf rechts an die Halsausschnittkante steppen, die Innenseite mit der Hand annähen. Die Belegkanten nach innen bügeln, am Kragen mit der Hand annähen. Die Ärmel- und Seitennähte in einem Arbeitsgang schließen. Das Hemd säumen. Vorn mit Druckknöpfen schließen. Die kleinen Knöpfe blind aufnähen.

Vaters Hose
Material: 20 x 40 cm Stoff; 30 cm Streifenband, 1 cm breit; 3 kleine Knöpfe; ein Druckknopf; Lederreste.
Nähen: Die Hosenteile mit 1 cm breiten Nahtzugaben zuschneiden. Für die Hosenträger drei 1 cm breite und 2 cm lange Riegel aus Leder zuschneiden. Für das Bündchen einen 3 x 25 cm langen Streifen zuschneiden. Das Streifenband halbieren. Zwei Enden für den Rücken an einem Riegel festnähen, je ein Ende an den anderen Riegeln befestigen. In die Riegel kleine Schlitze für die Knöpfe schneiden. Die Seitennähte und die inneren Hosenbeinnähte

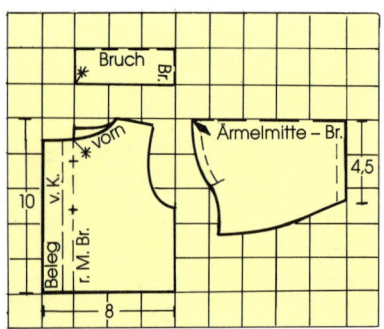

Vaters Hemd

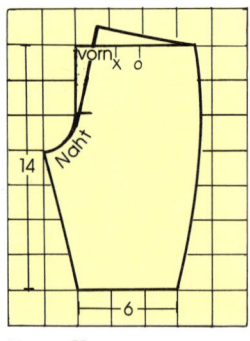

Vaters Hose

schließen. Die Schrittnaht bis zum Schlitzzeichen zunähen. An der oberen Kante je eine Falte einlegen. Das Hosenbündchen rechts auf rechts ansteppen, dabei die vorderen Schlitzkanten 1 cm breit nach innen umlegen. Die Nahtzugabe vom Bündchen nach innen kippen, von rechts feststeppen. An der vorderen Mitte einen 2 cm breiten Obertritt stehenlassen. Je einen Knopf in die hintere Mitte und vorn an den Bundfalten auf das Bündchen nähen. Die Hosenträger mit den Lederriegeln anknöpfen. Das Bündchen mit einem Druckknopf schließen. Die Hosenbeine säumen.

Mutters Kleid
Material: 20 x 40 cm Stoff; 70 cm Klöppelspitze, 1,5 cm breit; 25 cm Gummiband, 0,3 cm breit; 1 Druckknopf.
Nähen: Die Schnitteile mit 1 cm breiten Nahtzugaben zuschneiden. Die Ärmel säumen, je 7 cm Gummiband gedehnt darunterstepppen. Die Raglanärmel in das Kleid nähen. Ärmel- und Seitennähte schließen. Die rückwärtige Mitte bis zum Schlitzzeichen zunähen. Die Schlitzkanten schmal umsteppen. Die Ausschnittweite auf 16 cm einkräuseln. Mit einem Schrägstreifen 1 cm breit aus dem Kleiderstoff einfassen. Das Gummiband einziehen, mit der Hand am Rückenschlitz befestigen. Das Kleid säumen, Spitze an die Kante steppen. Den Rest der Spitze einkräuseln und auf die Ansatznaht des Ausschnittpaspels steppen. Das Kleid mit einem Druckknopf im Rücken schließen.

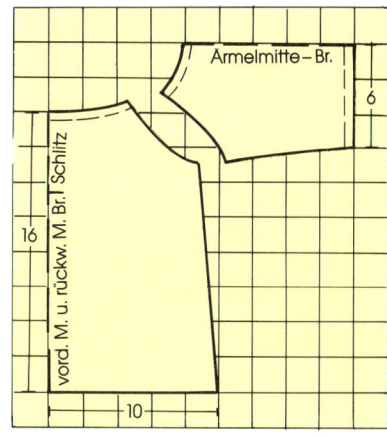

Mutters Kleid

Puppen zum Selberstricken

Wer besser mit Nadeln und Wolle umgehen kann als mit Stoff und Garn, strickt Puppen aus ganz feiner Wolle. Diese Puppen werden besonders weich und kuschelig. Gut geeignet sind Strumpfwollen, die viel aushalten und gewaschen werden können. Auch unsere Strickpuppen tragen am liebsten genähte Kleider: Sie sehen darin modischer aus als in gestrickten Sachen. Dafür eignen sich alle Schnitte für 30 cm große Puppen. Besonders niedlich allerdings sehen selbstgestrickte Unterwäsche und Strümpfe aus.

34

Gestrickte Puppe mit Unterwäsche

34 Gestrickte Puppe mit Unterwäsche

ANLEITUNGEN

Puppe

Material: 50 g sehr dünne beigefarb. Wolle (Lauflänge ca. 230 m/50 g); für die Frisur einen Rest sehr dünne, flauschige rostfarb. Wolle; für die Augen einen dunkelbraunen, für den Mund einen roten Wollfaden; für die Zopfschleifen je zwei rosa und weiße Baumwollfäden; einen Rest naturfarb. Trikotstoff (ca. 27 x 27 cm); 100 g Zauberwatte oder Schafwolle; 1 Nadelspiel Nr. 2.

Grundmuster: glatt re. (Hinr. re., Rückr. li., in Rd. nur re.).

Maschenprobe: 38 M. in der Breite und 46 R. in der Höhe ergeben 10 cm im Quadrat. Es muß sehr fest gearbeitet werden, damit sich die Strickteile für den Puppenkörper später nicht dehnen!

Die fertige Puppe ist ca. 30 cm groß. Die Körperteile werden einzeln fertiggestellt und später zusammengenäht. Mit dem Rumpf beginnen: Dafür 10 M. anschlagen und mit 2 Nadeln in Hin- und Rückr. im Grundmuster arbeiten. Dabei in der 3. R. und noch zweimal in jeder folg. 2. R. beidseitig je 4 M. dazu anschl., dann das Teil stillegen. Diese 34 M. bilden später das Rückenteil. Die Schrägungen an beiden Seiten sind die Ansatzkanten für die Beine. Nun für das Vorderteil dieses Teil noch einmal genauso stricken. Alle M. auf 4 Nadeln verteilen (17 M. je Nadel) und in Rd. weiterarbeiten. Nach insgesamt 48 Rd. die M. des Vorderteils stillegen und zunächst mit 2 Nadeln in Hin- und Rückr. das Rückenteil beenden. Dabei für die Schulterschrägungen sofort und noch zweimal in jeder folg. 2. R. beidseitig je 3 M., nach einer weiteren R. die übrigen M. abketten. Das Vorderteil genauso beenden. Für den Kopf insgesamt 70 M. (2mal 18 M. und 2mal 17 M.) anschl. und insgesamt 40 Rd. im Grundmuster arbeiten. In der folgenden Rd. für die obere Kopfrundung jede 9. und 10. M. re. zus.stricken. Diese Abnahmen in jeder weiteren Rd. an den gleichen 7 Stellen genauso wiederholen, also

Diese Sachen passen Puppen von ca. 30 cm Größe.

zunächst jede 8. und 9. M., weiter jede 7. und 8 M., jede 6. und 7. M. usw. re. zus.str. Die letzten 14 M. mit dem Endfaden zusammenziehen. Für einen Arm 24 M. (6 M. je Nadel) anschl. und in Rd. im Grundmuster arbeiten. Dabei in der 6 Rd. für den Daumen 3 M. zunehmen, d. h. nach der 11., 12. und 13. M. der Rd. aus dem Querfaden der Vorrd. je 1 M. re. verschr. herausstricken. In der folgenden 3. und noch zweimal in jeder weiteren 2. Rd. jeweils 1 M. wieder abn., also immer 1 herausgestrickte M. mit der M. davor re. zus.str. Es sind wieder insgesamt 24 M. auf den Nadeln. Noch weitere 47 Rd. arbeiten, die M. abketten. Den zweiten Arm genauso stricken. Für ein Bein 36 M. (9 M. je Nadel) anschl. und in Rd. im Grundmuster arbeiten. Dabei in der 7. Rd. für die Fußform wie folgt M. abnehmen: Bei der 2. Nadel die letzten 2 M. re. zus.str., bei der 3. Nadel die 1. M. abheben, die folg. M. stricken und die abgeh. M. darüberziehen. Diese Abnahmen noch dreimal in jeder folg. 2. Rd. genauso wiederholen. Anschließend noch weitere 47 Rd. str. Dabei in der 20. Rd. nach der 1. M. der 2. Nadel und vor der letzten M. der 3. Nadel aus dem Querfaden der Vorrd. 1 M. re. verschr. herausstricken. Diese Zunahmen in der 30. Rd. genauso wiederholen. In der 47. Rd. nur bis zur 3. Nadel arbeiten (die 4. Nadel ungestrickt lassen) und von dieser Stelle aus jetzt in Hin- und Rückr. arbeiten, also wenden und über alle 4 Nadeln zurückstricken, wieder wenden und zurückstricken usw. Dabei für die obere schräge Beinkante (Rumpfansatz) in der 1. R. und noch zweimal in jeder folgenden 2. R. beidseitig je 4 M. abketten. Nach einer weiteren R. die übrigen M. abketten. Das zweite Bein gegengleich arbeiten, d. h. die Teilung für die Hin- und Rückr. erfolgt hier zwischen der 1. und 2. Nadel. Sonst wie beschrieben str.

Ausarbeitung: Beim Rumpf die unteren Kanten (Beinansatz und Schritt) und die schrägen Schulterkanten zusammennähen. Das Teil fest mit Watte ausstopfen. Damit die Füllung stabil wird, darf die Watte während dieses Arbeitsganges möglichst nie ganz auseinanderreißen! Für den Kopf zunächst aus Trikotstoff und Watte eine feste Kugel anfertigen. Sie muß später das Strickteil gut ausfüllen. Dafür den Stoff um eine entsprechend geformte Menge Watte legen, unten zusammenfassen und fest abbinden. Etwa in Augenhöhe einen Faden fest um die Kugel wickeln und vernähen (dadurch erscheint das Gesicht später etwas plastisch). Das Strickteil darüberstülpen, einen Faden durch die untere Kante ziehen und auf Halsweite zusammenziehen. Die Enden des Trikotstoffes in die Halsöffnung des Rumpfes stecken (wenn nötig vorher etwas kürzen, aber nicht ganz abschneiden) und den Kopf am Rumpf festnähen. Bei den Beinen jeweils an der Fußspitze 8 M. und an der Ferse 6 M. mit einem Faden fest zusammenziehen, damit sich dort Rundungen ergeben. Die Naht an der Fußunterseite schließen. Die Beine fest ausstopfen und die Fußgelenke mit einem Faden abbinden. Die oberen schrägen Kanten flach zusammennähen. Die Beine am Rumpf beweglich festnähen. Bei den Armen die untere Öffnung mit einem Faden zusammenziehen und die Teile fest ausstopfen. Die Handgelenke abbinden, die Daumen durch Abnähen noch etwas markieren. Die obere Öffnung flach (Oberarm auf Unterarm) zusammennähen. Die Arme mit dieser Kante am Rumpf unterhalb der Schulterschrägungen beweglich festnähen. Für die Frisur 45 cm lange Fäden zurechtschneiden, über den Oberkopf legen und in der Mitte (wie einen Mittelscheitel) befestigen. Die Fäden an den Seiten zusammenfassen und nochmals am Kopf festnähen, damit nichts verrutscht. Zöpfe flechten (die Fäden evtl. etwas kürzen), halb einschlagen und die Enden festnähen. Von der Kopfmitte aus einen Pony aufnähen. Die Augen im Plattstich, den Mund im Spannstich aufsticken. Für die Schleifen zwei zweifarbige Schnüre (ca. 22 cm) knüpfen und um die Zöpfe binden.

Höschen und Strümpfe

Material: ein Rest sehr dünnes, weißes Baumwollgarn; 1 Nadelspiel Nr. 2; 40 cm weißes Hutgummi.
Grundmuster: glatt re. (Hinr. re., Rückr. li., in Runden nur re.).
Maschenprobe: 38 M. in der Breite und 46 R. in der Höhe ergeben 10 cm im Quadrat.

Höschen

72 M. (18 M. je Nadel) anschl. und in Rd. arbeiten, und zwar zunächst 3 Rd. im Rippenmuster (1 M. re., 1 M. li. im Wechsel), dann weiter im Grundmuster. In 4,5 cm Höhe für den Durchzug in der Taille 1 Lochrd. stricken, d. h. abwechselnd 2 M. re. zus.str., 1 Zuschl. aufnehmen. Dann im Grundmuster weiterarbeiten. Ab 8,5 cm Gesamth. wieder im Rippenmuster str. In 9 cm Gesamth. die 3. und 4. Nadel stilllegen. Mit der 1. und 2. Nadel in Hin- u. Rückr. weiterarbeiten. Dabei beidseitig sofort 3 M. und in der folg. 2. R. 2 M. abketten. In der nächsten R. die mittl. 14 M. abketten. Mit den übrigen 2 mal 6 M. für die Träger noch 7 M. weiterarbeiten, die M. abketten. Mit den stillgelegten M. genauso verfahren, jedoch keine Träger anstricken, sondern die letzten 26 M. in einer R. abketten. Die Träger hinten festnähen. In der Taille doppelten Hutgummi einziehen. Die untere Kante im Schritt 0,5 cm breit zusammennähen.

Strümpfe

28 M. (7 M. je Nadel) anschl. und in Rd. zunächst im Rippenmuster (1 M. re., 1 M. li. im Wechsel) arbeiten. Nach der 2. Rd. im Grundmuster weiterstricken. In 4 cm Höhe bei der 1. und 3. Nadel die 2. M. abh., die folg. M. stricken und die abgeh. M. darüberziehen, bei der 2. und 4. Nadel die 2. und 3. letzte M. re. zus.str. Diese Abnahmen noch dreimal in jeder folg. 2. Rd. genauso wiederholen, dann die M. der 1. und 2. Nadel mit den M. der 3. und 4. Nadel im Maschenstich verbinden. Den zweiten Strumpf genauso stricken.

Kleid mit Passe

Das Streifenkleid läßt sich besonders einfach nähen: Die Ärmel werden gleich angeschnitten, der Rock ist angekraust. Seitlich sind Bindebänder aufgesteppt, mit denen die Weite reguliert wird. Der Schnitt eignet sich auch für die Stoffpuppen von Seite 117 bis 123.

ANLEITUNG

Material: 25 x 50 cm Stoff; 18 cm weißer Schrägstreifen, 2 cm breit; 16 cm Gummiband, 0,3 cm breit; 2 Druckknöpfe.
Nähen: Die Schnitteile mit 1 cm breiten Nahtzugaben zuschneiden. Die Bindebänder sind 3 cm breit und 28 cm lang. Die Ärmellängen säumen, je 8 cm Gummiband von links gedehnt aufsteppen. Die Ärmelnähte schließen. Den Halsausschnitt mit dem Schrägstreifen 1 cm breit einfassen. An die rückwärtigen Kanten des Oberteils einen Ober- und Untertritt arbeiten. Dafür die Obertrittseite mit einem 2 cm breiten Streifen verstürzen. An die Untertrittseite einen 5 cm breiten Streifen ansteppen, 3 cm breit nach innen bügeln und die Kante schmal absteppen. Die rückwärtige Mittelnaht im Rock bis zum Schlitzzeichen schließen, die Schlitzkanten schmal umsteppen. Die obere Rockkante auf Oberteilweite einkräuseln und rechts auf rechts ansteppen. Die Bindebänder verstürzen und bei × an das Vorderteil steppen. Das Kleid säumen. Im Rücken mit zwei Druckknöpfen schließen.

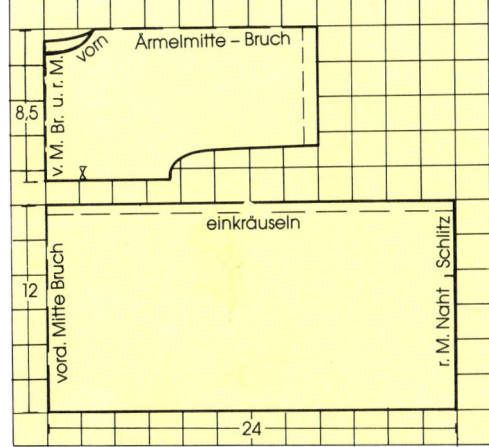

Kleid mit Passe

Puppe, so groß wie ein Kind

Diese Puppe macht vor allem kleinen Kindern Spaß, denn sie ist fast so groß wie ein echter Spielkamerad (80 cm). Und sie kann all die Sachen anziehen, die das Kind selber getragen hat. Mit ihr lernt das Kind spielend leicht das An- und Ausziehen, Knöpfen, Schleifenbinden und den Umgang mit Reißverschlüssen und Druckern. Die Puppe wird wie die kleinen Stoffpuppen (Seite 117) aus hautfarbenem Trikotstoff genäht. Die Anfertigung des Kopfes ist etwas kompliziert – deshalb zeigen Ihnen Zeichnungen genau, wie's gemacht wird.

ANLEITUNGEN

Puppe

Material: 75 cm Schlauchbinde, 12 cm breit; 75 cm Trikotstoff, 140 cm breit; 1 kg Zauberwatte oder Schafwolle; 100 g Wolle für die Haare; Stickgarn fürs Gesicht.

Nähen: Die Puppe wird mit Hilfe einer Schlauchbinde (aus der Apotheke oder dem Bandagengeschäft) vorgeformt und erst danach mit dem Trikotstoff überzogen (siehe Stoffpuppe auf Seite 117 bis 119). Die Schlauchbinde an einem Ende schließen. Mit Watte stopfen, bis sich eine Kugel mit ca. 44 cm Umfang gebildet hat. Die Kugel stramm abbinden und einen Kopf daraus formen. Die Zeichnungen 1 bis 6 zeigen Ihnen die einzelnen Arbeitsabläufe im Profil:

1 Die Kopfkugel am Hals stramm abbinden (der Schlauch ist hier verkürzt gezeichnet).
2 Die Mitte des Kopfes dreimal mit einem festen Faden umwickeln und gut verknoten (= Augenlinie).
3 Den Kopf senkrecht abbinden: Von der Seite aus über den Mittelpunkt hinweg zum Hals hin (= Kinn) und zurück zur anderen Seite. Faden gut anziehen und bei × gut festnähen.
4 Den hinteren Faden bis zum Hals herunterziehen. Dadurch ergibt sich ein hübscher Hinterkopf. Unterhalb der Augenlinie eine kleine Nase einarbeiten: Die Watte dort eng zusammenschieben und mit ein paar Stichen kreisförmig umnähen.
5 Den Kopf mit einem Stück Trikotstoff fest umspannen, auf dem Oberkopf abnähen und am Hals abbinden.

135

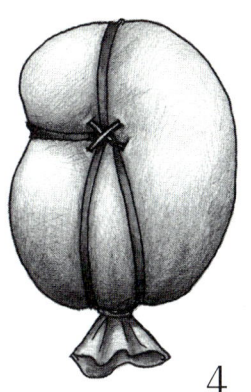 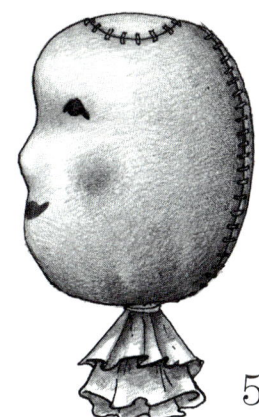 

4 5 6

6 Die Wollfäden mit Spannstichen als Haare auf den Kopf sticken. Damit die Stiche nicht zu lang werden, leicht versetzt wie bei einem Stufenhaarschnitt arbeiten. Lange Wollfäden für die Zöpfe darübersticken und hängenlassen. Zum Zopf flechten und mit einer Schleife zusammenhalten. Augen und Mund mit Stickgarn aufsticken oder mit Stoffdruckfarbe aufmalen.

Den Rest der Schlauchbinde als Körper weiterarbeiten. Passend zum Trikotschnitt mit Watte ausstopfen. Den Körper aus Trikotstoff mit Zickzackstichen zusammennähen und wenden. Den Schlauchrumpf hineinstecken und alles gut mit Watte auspolstern. Den Körper am Hals mit der Hand gut annähen. Arme und Beine aus Trikotstoff zusammennähen, wenden und mit Watte füllen. Mit kleinen Stichen an den Körper nähen. Die Beinenden wie Füße hochnähen. Ellenbogen und Knie mit ein paar Stichen durchnähen. Die Hände fest abbinden.

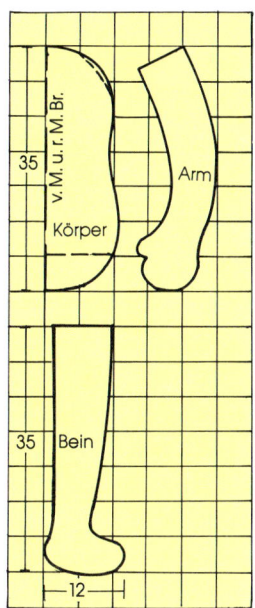

Puppenkörper
Achtung: Diese Karos sind 5 x 5 cm groß!

Puppenkleid

Material: 55 x 60 cm Stoff; 25 cm Schrägstreifen; 4 Druckknöpfe.

Nähen: Alle Schnitteile mit 1 cm breiten Nahtzugaben zuschneiden. An den Rückenteilen 4 cm breite Belege zugeben. Für die Ärmelblenden zwei Streifen 3 x 25 cm zuschneiden. An den Taschen oben 8 cm Nahtzugabe zugeben. Die Schulternähte schließen. Die Belege im Rücken umbügeln und 1 cm breit absteppen. Den Halsausschnitt mit dem Schrägstreifen einfassen. Die schmalen Streifen rechts auf rechts an die Ärmellängen nähen, schmal einschlagen und als 1 cm breite Blenden umsteppen. Die Ärmelnähte schließen. In die hintere Mitte des Rocks einen 6 cm langen Schlitz nähen. Die oberen Taschenkanten 3 cm breit verstürzen, wenden. Die Oberkante als zwei 2 cm breite Klappen umbügeln. Die Taschen auf den Rock steppen. Die Seitennähte schließen. Die obere Rockkante auf Oberteilweite einkräuseln. Den Rock an das Oberteil nähen und säumen. Das Kleid im Rücken mit vier Druckknöpfen schließen. Den letzten Druckknopf auf die Passenansatznaht nähen.

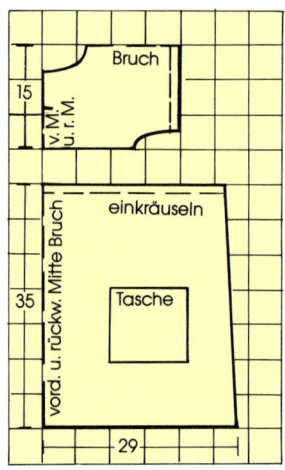

Kleid
Achtung: Diese Karos sind 5 x 5 cm groß!

Aus alten Sachen schnell genäht

Mit ein bißchen Geschick können Sie aus abgelegten Kleidungsstücken wunderschöne Puppensachen nähen. Dafür eignen sich Pullover, Blusen, Hosen, Jacken und sogar Kniestrümpfe. Beim Zuschneiden sollten Sie darauf achten, daß möglichst viele der vorhandenen praktischen Details (Verschlüsse, Gummiränder, Saumkanten usw.) erhalten bleiben. Sie sparen dadurch viel Arbeit, und die Puppensachen sehen trotz Resteverwertung nahezu perfekt aus.

37

Aus Stoffresten und Waschleder

37 Aus Stoffresten und Waschleder

Tupfenkleid und Schürze sind aus alten Kleidungsstücken nach neuen Schnitten genäht. Sie können dafür – je nach Puppengröße – alle Schnitte aus diesem Buch verwenden (siehe auch Verkleinern und Vergrößern, Seite 8/9). Die Sachen sehen wie neu aus, weil sie mit liebevollen Kleinigkeiten ausgestaltet sind: Am Kleidsaum ist Spitze angenäht. Um den Hals wurde eine auf Band genähte Spitze gebunden. Die Strümpfe sind aus abgelegten weißen Socken (oder Trikotwäsche) genäht. Als Krönung gibt es einen kleinen Hut aus Waschleder. Er besteht aus vier gleich großen Keilen mit angeschnittenem, glockenförmigem Rand und ist durch die himmelblaue Taftschleife hübsch anzusehen. Der Anzug rechts entsteht zum größten Teil aus karierten

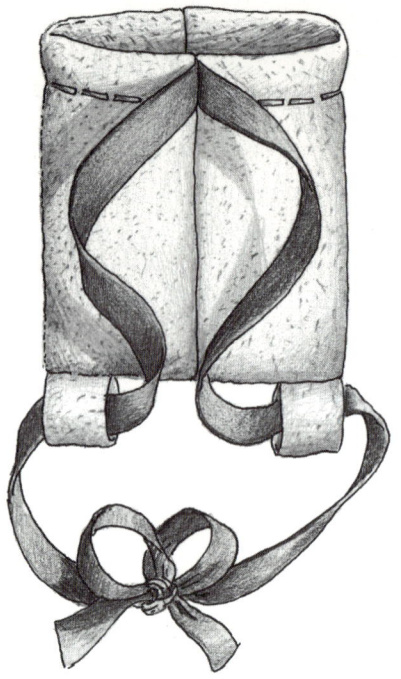

Rucksack und Hut aus Waschleder sind schnell gemacht.

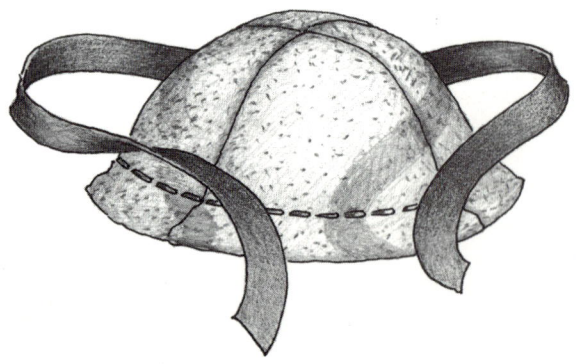

Kniestrümpfen. Wie Pulli, Mütze und Socken aus den Kniestrümpfen zugeschnitten werden, sehen Sie auf den Zeichnungen bis Seite 151. Die kleine Weste, die Hose und der Rucksack sind aus Waschleder. Als Grundlage zum Zuschneiden und Nähen können Sie alle einfachen Schnitte aus diesem Buch verwenden. Der Rucksack, ca. 15 x 12 cm, ist verblüffend einfach – siehe Zeichnung links. Kleines Detail mit großer Wirkung: bunte Herzknöpfe auf der gepaspelten Lederweste.

38 Aus Baby-Unterwäsche

Hemd und Hose lassen sich besonders leicht in Puppensachen verwandeln: Das Hemd braucht nur am Hals eingehalten zu werden, die Ärmel werden etwas enger genäht, der Saum kann – je nach Puppengröße – gekürzt werden. Die Hose bekommt einen strammeren Gummizug, und die Schrittnaht wird in einem größeren Bogen abgesteppt, dadurch werden die Hosenbeine schmaler.

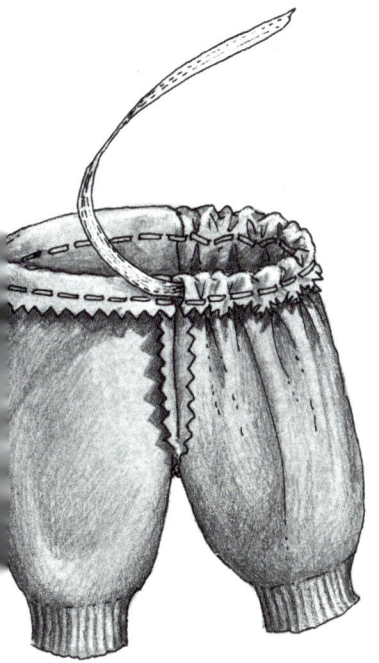

Für diese Hose wurden alte Pulloverärmel benutzt.

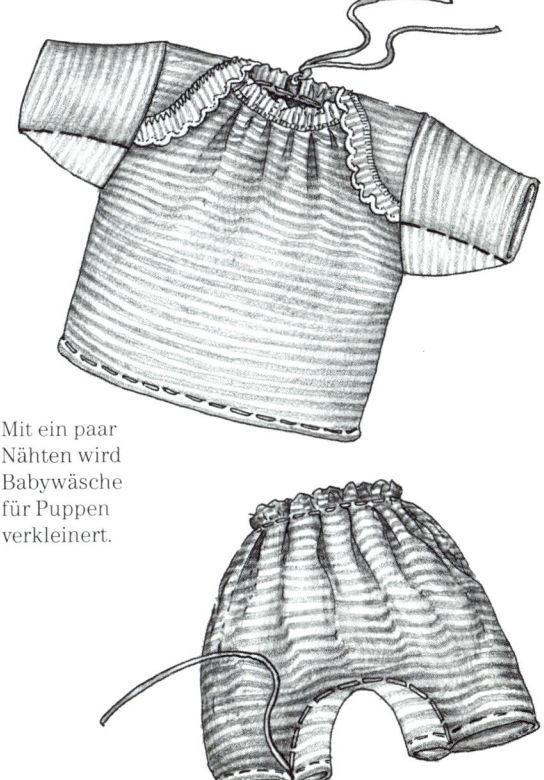

Mit ein paar Nähten wird Babywäsche für Puppen verkleinert.

39 Aus alten Stricksachen

Sie im zweiteiligen Strickkleid, er im Jogginganzug: Alle Sachen sind aus getragenen Pullovern bzw. Sweatshirts genäht! Wie die Sachen zugeschnitten werden, zeigen die Zeichnungen unten. Der Rock entstand aus einem Ärmel. Für den Gummizug in der Taille wird das ehemalige Ärmelbündchen umgenäht, den Saum schmückt eine weiße Spitze. Wenn Sie den Pulli geschickt zuschneiden, bleibt das Pulloverbündchen erhalten. Den U-Boot-Ausschnitt kann man gut mit der Hand umnähen – dann gibt er beim Anziehen nach. Als Blickfang wird darüber eine weiße Weste getragen, die von Matrosenkragen abgeguckt

Aus einem großen Pullover entstehen Puppenpulli und Rock.

ist (siehe Zeichnung unten rechts). Sein Jogginganzug ist besonders raffiniert: Die ehemaligen Ärmel sind die neuen Hosenbeine. Da Stoffpuppen weder Bauch noch Po haben und sich auch nicht bewegen, kann die Schrittnaht ganz gerade sein.
Die Ärmelbündchen werden zum Saum, in die Taille kommt ein Bindeband oder Gummizug. Das Oberteil wird wie der Pulli (links) zugeschnitten. Hier sind als Gag verschiedenfarbene Bündchen an den Halsausschnitt und an die Ärmel genäht. Diese Bündchen sind – ganz

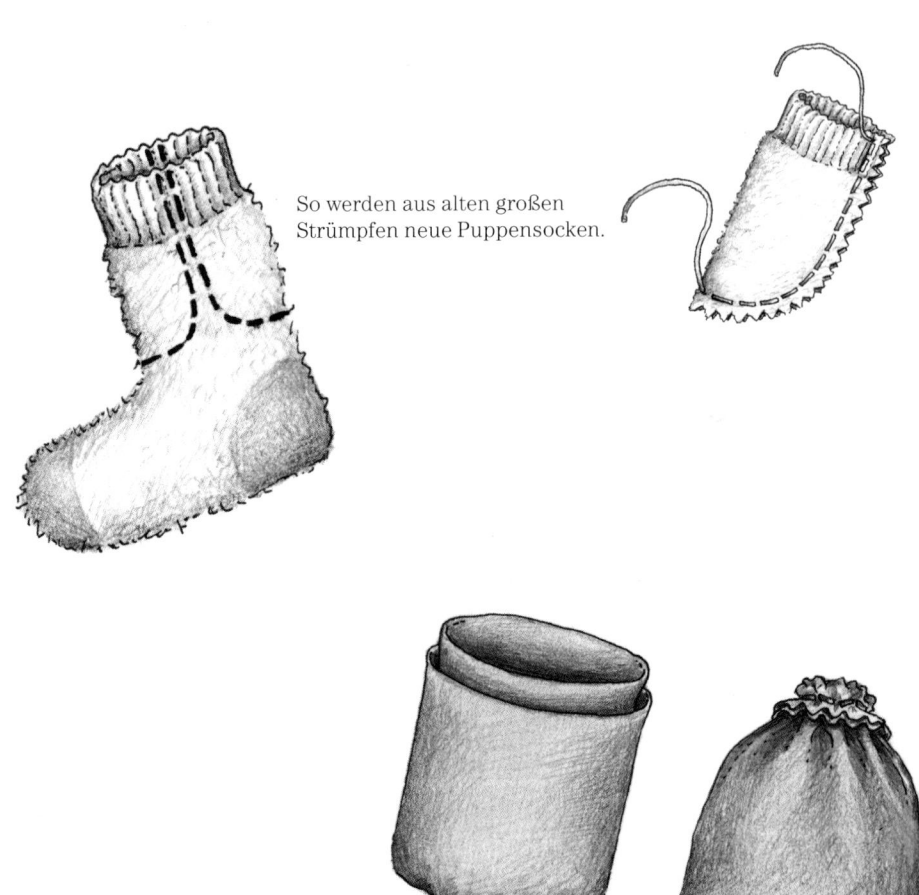

So werden aus alten großen Strümpfen neue Puppensocken.

Die Mütze wird doppelt genommen und später umgedreht.

raffiniert – die Oberränder von ausgedienten Söckchen oder Strümpfen. Sie sind dadurch hochelastisch und schmiegen sich gut an. Aus dem Rest vom Kniestrumpf können Sie die Socken (hier farblich passend zum Halsbündchen) oder eine Mütze mit Rollrand nähen (siehe Zeichnung unten links). Für die Mütze wird der doppelt genommene Strumpfschlauch an der offenen Schnittseite fest zusammengezogen, umdrehen – fertig! Sternnieten auf dem Oberteil machen den ganzen Anzug topmodisch.

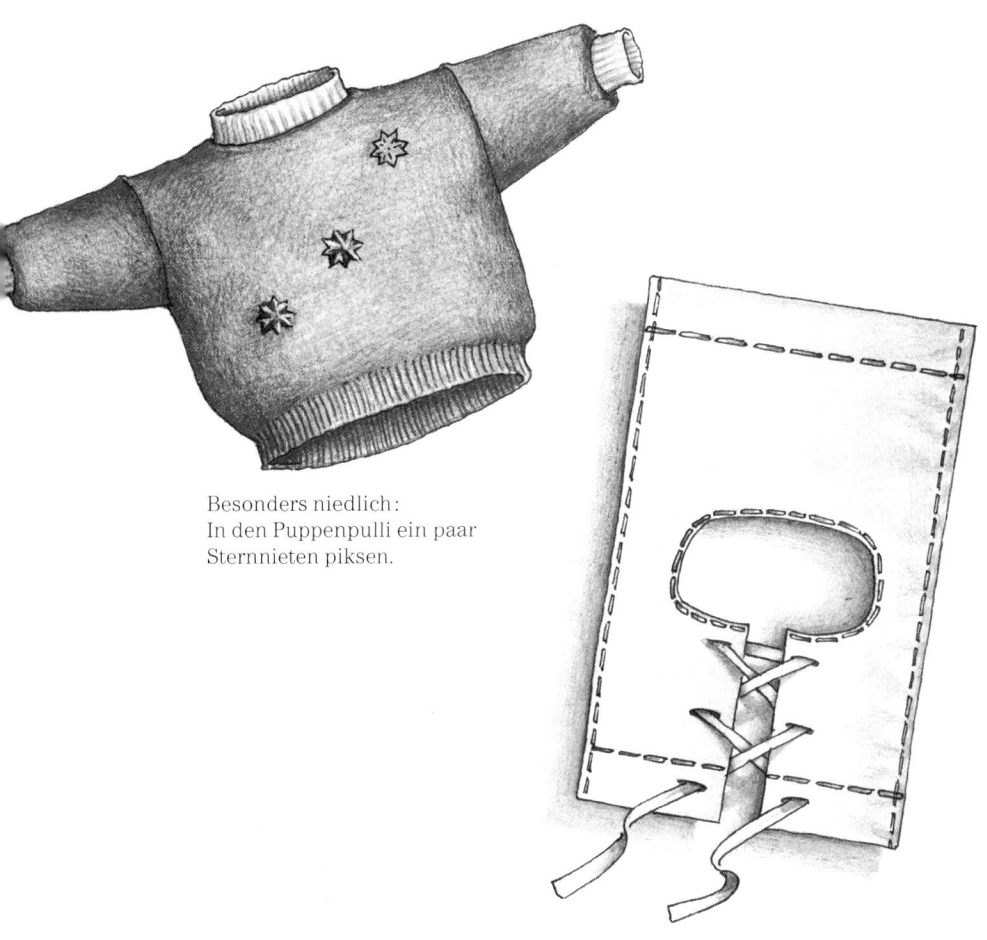

Besonders niedlich:
In den Puppenpulli ein paar Sternnieten piksen.

Wie ein Matrosenkragen wirkt die Weste aus Baumwollstoff.

40 Aus Taschentüchern

Bauerntaschentücher kommen hier zu neuen Ehren: Für das Kleid des Mädchens brauchen Sie zwei Stück. Ein Fünftel wird jeweils zu einer Passe mit angeschnittenen Ärmeln verarbeitet, der Rest wird als Rock angekraust. Wichtig: In die hintere Passe einen Schlitz schneiden, damit das Kleid an- und ausgezogen werden kann (siehe Zeichnung unten). Als Kragen dient eine auf Band genähte Spitze, die geschickt kleine Nähfehler am Kleidausschnitt verdeckt (Zeichnung auf Seite 148). Der Junge trägt eine Bluse, für die ein großes Taschentuch oder ein Küchenhandtuch ausreicht – je nach Größe der Puppe. Genäht werden müssen nur die Seiten- und Ärmelnähte und der Halsausschnitt,

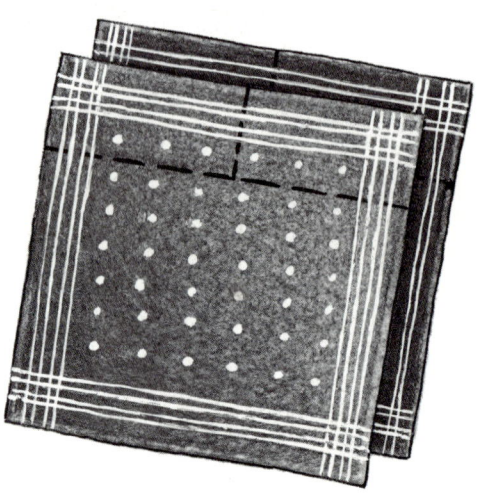

Zwei Taschentücher reichen für ein kleines Puppenkleid.

hinten eventuell mit Schlitz (siehe Zeichnungen unten). Tip: Wenn Sie ein Taschentuch halbieren, können Sie daraus zwei niedliche Schürzen nähen. Einfach die Schnittseite ankrausen und mit Schrägband einfassen (siehe Zeichnung unten links). Das können auch kleine Puppenmütter selbst machen.

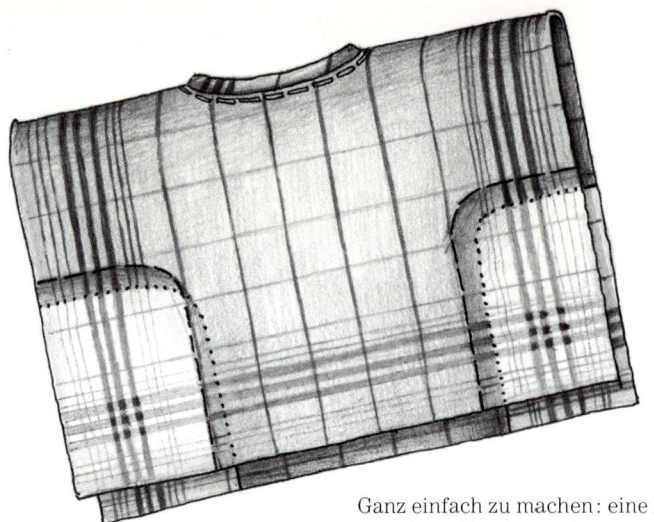

Ganz einfach zu machen: eine Puppenbluse aus einem Taschentuch.

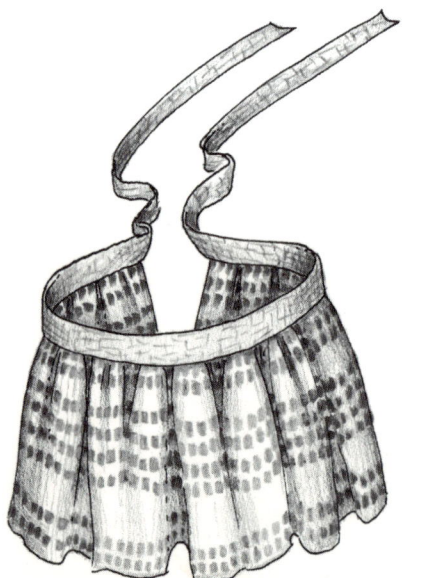

Diese Schürze entstand aus einem halben Taschentuch.

Eine auf Band genähte Spitze dient als romantischer Kragen.

Aus einer Jacke und Strümpfen
(Foto Seite 150)

So feine Strickanzüge gibt es weder fertig zu kaufen, noch kann man sie stricken: Sie werden aus alten Lambswoolsachen genäht. Hier wurde für beide Kombinationen eine große Jacke „ausgeschlachtet" (siehe Zeichnung unten). Nur die Tasche ist ein Rest von einem anderen Pullover. Die Overallhose entstand aus den Jackenärmeln. Bei der Jacke wurden Teile von Kragen und Knopfleiste weiterver-

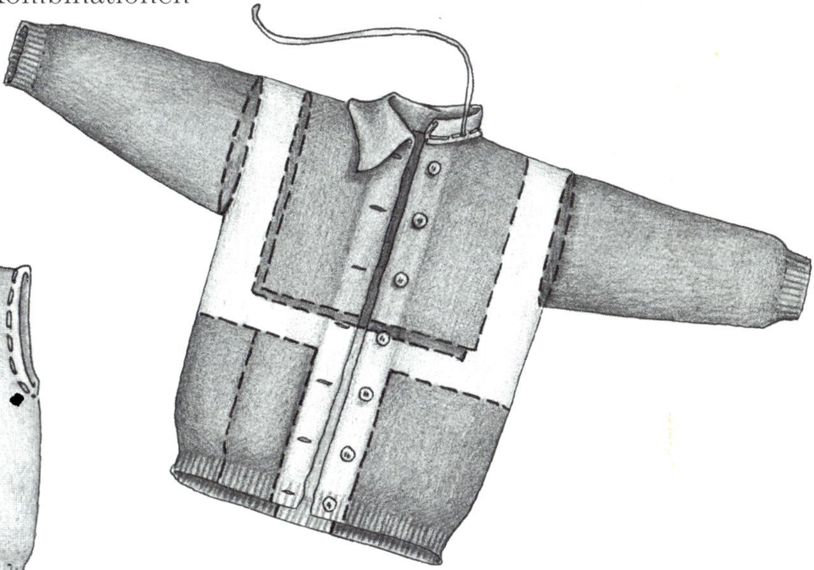

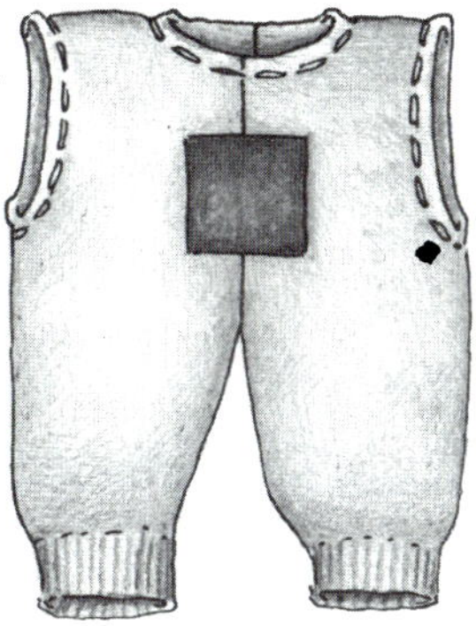

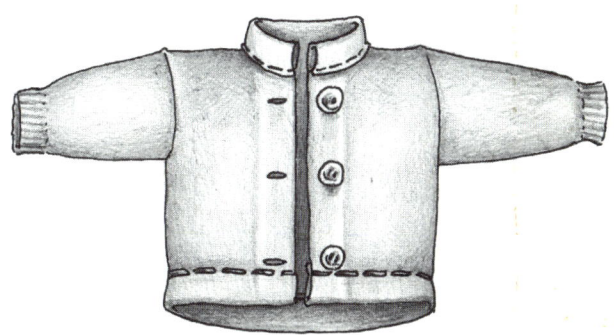

Aus einer großen Jacke lassen sich Overall, Rock und Jacke für eine Puppe nähen.

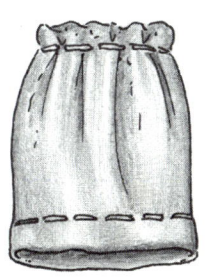

wendet. Der Kragen wurde als Tunnel umgenäht. Dadurch kann die Weite mit einem Band eingehalten werden. Vielleicht müssen Sie hier und da ein bißchen improvisieren – aber das ist bei Strickstoffen ziemlich einfach. Die unteren Jackenteile reichen noch für den Strickrock, den die rechte Puppe trägt. Der farblich perfekt abgestimmte Karopulli ist aus einem Paar Kniestrümpfe genäht (siehe Zeichnungen unten).

Kniestrümpfe von Erwachsenen bieten genug Material für einen Puppenpulli.

Biegepüppchen für die Puppenstube

Hier ist die ganze Familie auf Draht! Die kleinen Puppen werden nämlich aus feinem Draht gebogen. Sie bekommen einen Kopf aus Baumwolltrikot und Kleidung aus Stoffresten. Der Drahtkörper wird vorher weich umwickelt – das ist ganz einfach und geht schnell, die Zeichnungen auf den folgenden Seiten zeigen es genau. Die Kleidung wird gleich an der Puppe festgenäht – einfacher geht's nicht. Vater und Mutter sind ca. 15 cm groß, die Kinder ca. 10 cm.

42

Biegepüppchen für die Puppenstube

ANLEITUNGEN

Material: Am besten eignet sich kunststoffummantelter Draht von 1,4 mm Durchmesser, den es in Eisenwarengeschäften, Haushaltswarengeschäften oder in Geschäften für Gartenbedarf gibt. Außerdem Baumwolltrikot, auch Puppen- oder Polotrikot genannt, oder anderer, feinmaschiger Jersey. Pro Puppe brauchen Sie mindestens einen Querstreifen von 2,5 x 70 cm. Eventuell mehr, wenn Sie sehr fest und gründlich wickeln. Außerdem einen Streifen von 5 x 7 cm (die längere Seite in Querrichtung) für Kopf und Rumpf. Watte zum Auspolstern von Kopf und Rumpf. Für die Kleidung bunte Stoffreste oder Filz; Perlen als Knöpfe; Sticktwist für die Haare; Spitze; bunte Bändchen; spitze Filzstifte zum Malen der Gesichter und der Schuhe.

Die Puppen entstehen aus einem Drahtgerüst, das mit Trikotstreifen umwickelt wird. Kopf und Rumpf werden mit Watte ausgepolstert und mit dem kleinen Stoffstreifen überzogen. Am besten beginnen Sie mit einer größeren Puppe; die kleineren sind schwieriger zu biegen und zu umwickeln.

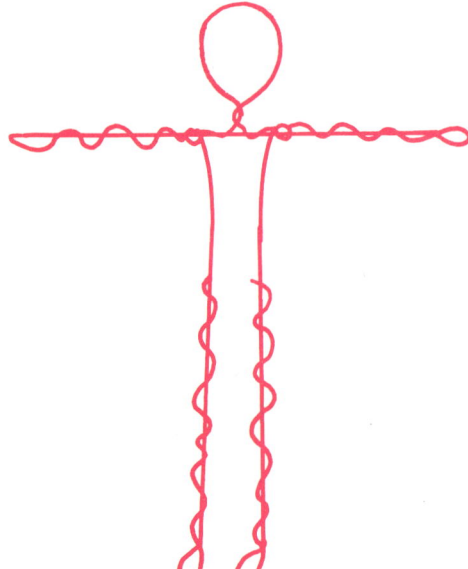

So werden die Puppen aus Draht gebogen.

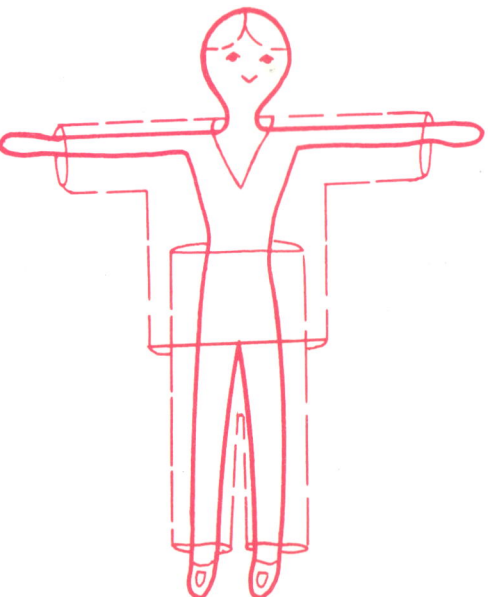

Die Kleidungsstücke werden direkt an den Körper genäht.

Erwachsene: Ein Drahtstück von 75 cm Länge für Kopf, Rumpf und Beine und ein Stück von 30 cm Länge für die Arme mit einer Kneifzange abknipsen. In die Mitte des längeren Stücks eine Schlaufe für den Kopf biegen und am Drehpunkt für den Hals dreimal umeinanderschlingen. Den kürzeren Draht über das Halsende legen und dadurch befestigen, daß der lange Draht dreimal fest darum gewickelt wird. Die langen Drahtenden von den Schultern aus senkrecht (als Körper und Beine) nach unten biegen. In ca. 15 cm Gesamtlänge eine Fußschlaufe formen, die Drahtenden an den Beinen hochwickeln. Die Arme ca. 6 cm lang auf die gleiche Art formen, dabei eine Handschlaufe biegen. Mit dem Umwickeln an einer Achsel beginnen und bis zur Handschlaufe hin den Stoffstreifen kräftig dehnen. Den Streifen zweimal durch die Handschlaufe ziehen. Dabei darauf achten, daß der Draht ganz verdeckt ist. Beim Durchziehen rollt sich der Trikotstreifen ein. Eine Kante läßt sich ganz leicht einschlagen, so daß eine saubere Seite entsteht. Dadurch werden beim Zurückwickeln alle Fusselkanten verdeckt, und es entsteht eine saubere Bandage. Zurückwickeln bis zur Achsel, einige Male um den Brustkorb herum, über die Taille bis zum Fuß. Von dort zurück zur Taille, um das andere Bein herum und zurück zur Achsel. Die Fußschlaufen wie die Handschlaufen umwickeln. Zum Schluß den zwei-

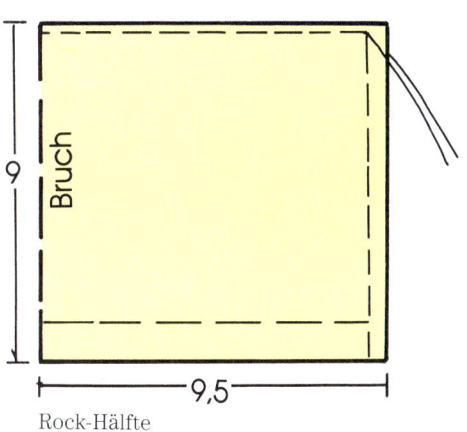

Rock-Hälfte

Kleidung für Erwachsene

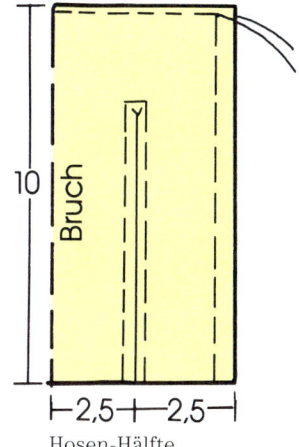

Hosen-Hälfte

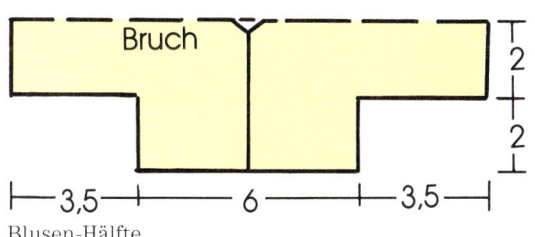

Blusen-Hälfte

ten Arm bandagieren und den Stoffstreifen in der Taille befestigen. Sollte die Länge nicht reichen, immer in der Taille neu ansetzen, nicht an den Gliedmaßen. Beim Zurückwickeln auf die saubere Kante achten, vor allem an Beinen und Armen – denn die bleiben später sichtbar! Kopf und Brustkorb werden mit festen Wattebällchen ausgeformt. Dafür die Watte mit ein paar Stichen am Körper und an der Kopfschlaufe festnähen. Den Trikotstreifen am Hinterkopf festnähen, nach vorn über Gesicht und Brust bis zur Taille ziehen und befestigen. Den Stoff in der rückwärtigen Taille zusammennähen, an den Schultern nach hinten ziehen und Stich für Stich Hals und Kopf herausarbeiten. Den Stoff stramm aus dem Gesicht herausziehen und am Hinterkopf zusammennähen. Dabei versuchen, das Kinn ein bißchen herauszumodellieren. Zum Schluß die Füße zur Standfläche umbiegen. Die Puppe läßt sich in jede Richtung biegen – dadurch können Sie kleine Unregelmäßigkeiten bei Bein- und Armlänge durch Drehen, Stauchen oder Verbiegen leicht ausgleichen.

Kinder: ein Drahtstück von 50 cm Länge für Kopf, Rumpf und Beine; ein Stück von 20 cm Länge für die Arme. Die Figur auf die gleiche Weise biegen und bandagieren wie oben beschrieben.

Frisur: Für die Haare den Sticktwist dicht an dicht auf ein Stück Schrägband steppen oder nähen. (Die Stepplinie wird später zum Scheitel). Danach das Schrägband knapp hinter der Naht wegschneiden. Für lange Haare ca. 8 cm Fadenlänge nehmen, für kurze Haare reichen 4 cm. Das Haarteil auf den Kopf nähen und modellieren. Rund um den Kopfrand herum mit der Hand festnähen, damit die Stickfäden Halt bekommen. Bei kurzen Haaren knapp hinter diesen Stichen abschneiden.

Gesicht und Schuhe: Diese Körperteile werden mit Filzstiften bemalt. Probieren Sie vorher an einem Stück Trikotstoff aus, ob die Farbe ausläuft. Es empfiehlt sich außerdem, ein paarmal die Anordnung von Augen, Nase und Mund auf einem Probeläppchen zu üben, damit die Puppe ein hübsches Gesicht bekommt. Die Füße mit dunklen Stiften so bemalen, daß der Eindruck von Schuhen entsteht.

Kleidung: Die Kleidung nach den Schnittschemen ohne Nahtzugaben zuschneiden und an den gestrichelten Linien rechts auf rechts zusammennähen. Die Paßform direkt am Körper modellieren, dabei die Kleidung festnähen. Lediglich Jacken oder Westen aus Filz so arbeiten, daß man sie an- und ausziehen kann. Kanten und Nähte mit Zickzackstichen oder einer Zackenschere versäubern.

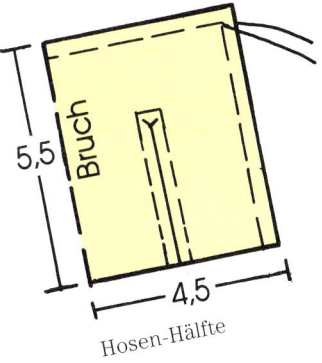
Hosen-Hälfte

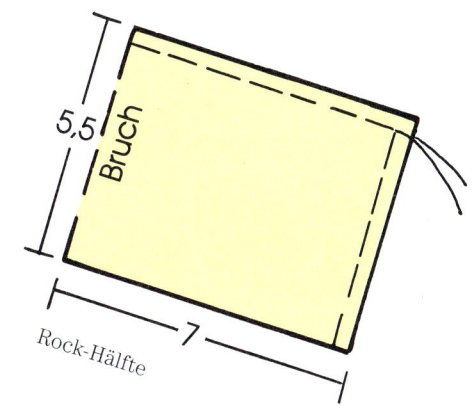
Rock-Hälfte

Kleidung für Kinder

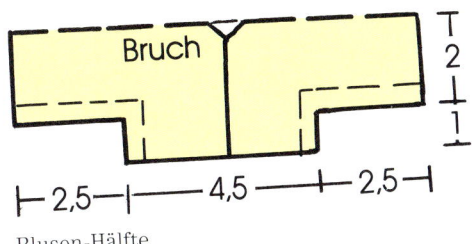
Blusen-Hälfte

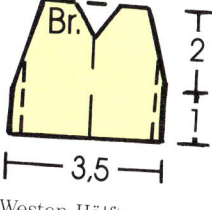
Westen-Hälfte

TECHNISCHE HINWEISE UND QUELLENVERZEICHNIS

Technische Hinweise für die Schnittanfertigung : Alle Schnitte sind auf ein Karoraster gezeichnet. Es dient bei der Schnittanfertigung als Hilfe für Rundungen und Ecken. Wenn Sie viel nähen wollen, lohnt es sich, das Karoraster mit Filzstift auf ein großes Stück Pappe zu zeichnen, Seidenpapier darüberzulegen und die verschiedenen Schnitte aufzuzeichnen. Wer geübt ist, kann auch auf das Malen des Rasters verzichten und den Schnitt „freihändig" (d. h. mit Lineal und Winkel) anfertigen. Dabei helfen die angegebenen Maße.

Der Fadenlauf entscheidet: Wichtig für den guten Sitz eines Kleidungsstückes ist der Fadenlauf. Er entspricht den senkrechten Karolinien im Schnittschema. Das heißt, daß die Schnitteile auch in dieser Richtung auf den Stoff gelegt werden müssen.

Abkürzungen bei Strickanleitungen

abh.	= abheben
abn.	= abnehmen
anschl.	= anschlagen
Gesamth.	= Gesamthöhe
li. M.	= linke Masche
M.	= Masche
R.	= Reihe
re. M.	= rechte Masche
re. verschr.	= rechts verschränkt
Rd.	= Runde
str.	= stricken
Umschl.	= Umschlag
zus.str.	= zusammenstricken

Wichtige Abkürzungen in den Schnittschemen: In den Schnittschemen sind einige Hinweise fürs Zuschneiden angegeben, oft in stark verkürzter Form: Vord. M. Bruch oder rückw. M. Bruch oder v. M. Br. oder r. M. Br. bedeuten vordere Mitte Bruch oder rückwärtige Mitte Bruch. Das heißt, daß entweder die vordere Mitte oder die rückwärtige Mitte ohne Naht zugeschnitten werden. Der Stoff wird also in den Bruch (d. h. doppelt) gelegt, an die Bruchkante kommt die Mitte des Schnitts. Vord. M. Kante (oder rückw. M. Kante) bedeuten vordere Mitte Kante (oder rückwärtige Mitte Kante). In diesem Fall wird in die jeweilige Mitte eine Naht gelegt oder ein Verschluß genäht. Die notwendigen Nahtzugaben stehen in den Nähanleitungen.

Quellenverzeichnis der abgebildeten Puppen:
Titelfoto: Brigitte-Puppe 1981, siehe S. 10.
Seite 10, 13, 15, 19, 20, 21: Brigitte-Puppe, 1981, 40 cm groß. Reproduktion einer Schildkröt-Puppe von 1928.
Seite 24: Käthe-Kruse-Puppe, 40 cm groß.
Seite 26, 31, 32, 37: Brigitte-Baby-Puppe 1982, 54 cm groß. Reproduktion einer alten Babypuppe von 1924. Puppenwerkstatt Wernicke, 7295 Dornstetten.
Seite 40: Antike Porzellanpuppe, 50 cm groß. Armand Marseille. A. M. 980.
Seite 42: Siehe Brigitte-Baby-Puppe 1982.
Seite 48, 52, 55: Brigitte-Baby-Puppen 1985, 40 cm groß. Reproduktion einer alten Porzellan-Baby-Puppe von 1924. Puppenwerkstatt Wernicke, 7295 Dornstetten.
Seite 56: Porzellanpuppe, 40 cm groß. Reproduktion der Century-Doll-Puppe.
Seite 60: Siehe Brigitte-Baby-Puppen 1985.
Seite 64: Siehe Porzellanpuppe S. 56.
Seite 66: Brigitte-Holzpuppe mit Stoffkörper 1983, 30 cm groß. Reproduktion einer Ursel-Erbs-Puppe von 1947. CAR-Selbstbaumöbel, 2000 Hamburg 65.
Seite 71: Käthe-Kruse-Puppe, 32 cm groß.
Seite 73: Käthe-Kruse-Puppe, 25 cm groß.
Seite 76, 81, 87, 91, 93, 96, 99: Brigitte-Puppe 1983, 40 cm groß. Reproduktion einer Gliederpuppe um 1900. Puppenwerkstatt Wernicke, 7295 Dornstetten.
Seite 100, 106, 110, 114: Brigitte-Puppen 1984, 56 und 50 cm groß. Reproduktionen der Künstlerpuppen von Sabine Esche. Puppenwerkstatt Wernicke. 7295 Dornstetten.
Seite 116, 120, 121: Stoffpuppen. Anfertigung von Ursula Mensler, Hamburg.
Seite 124, 130: Strickpuppe. Anfertigung von Helga Pusch, Hamburg.
Seite 132, 137: Große Stoffpuppe. Anfertigung von Gerda Lange, Langenhagen.
Seite 138, 142, 147, 150: Stoffpuppen und Puppensachen. Entwurf und Anfertigung von Marlies Singelmann, Hamburg.
Seite 152: Biegepüppchen aus Brigitte 1982.
Puppenzubehör: Die Puppenstube, 2000 Hamburg 36.

Brigitte-Themen als Brigitte-Bücher

**Brigitte-Lexikon
Die Frau
Körper – Seele – Gesundheit**
Von Renate Scholz und Margaret Minker
352 Seiten, 260 Begriffe, 225 farbige Illustrationen

**Brigitte Naturheilweisen
vorbeugen – helfen – heilen**
Von Renate Scholz und Margaret Minker
350 Seiten, 40 Zeichnungen

Brigitte Gymnastik
Von Ilse Döring
168 Seiten, 200 Zeichnungen

Brigitte Diät
Von Helga Köster
200 Seiten, 50 Farbfotos

Brigitte Diät/2
Drei verschiedene Kuren für jedes Gewichtsproblem
Von Helga Köster
256 Seiten, 200 Farbfotos

**Brigitte
Kochen & Einfrieren**
Von Burgunde Rudolph und Christa Lösch
160 Seiten, 40 Farbfotos

Fleischlos glücklich
Von Elisabeth Lange
160 Seiten, 29 Farbfotos

Kochen mit Kräutern
Von Barbara Rias-Bucher
160 Seiten, 32 Farbzeichnungen, 20 Farbfotos

Kleine Kuchen
Von Barbara Rias-Bucher
160 Seiten, 41 Farbfotos

Brigitte Grünpflanzen
Von Erika Markmann
176 Seiten, 75 Farb- und 67 s/w-Zeichnungen

Brigitte Balkonbuch
Von Erika Markmann
176 Seiten, über 90 Farbfotos und Zeichnungen

Brigitte Gartenbuch
Von Erika Markmann
160 Seiten, 29 Farbfotos, 60 s/w-Zeichnungen

**Brigitte
Handarbeiten fürs Baby**
Von Kathrin Behrens und Ariane Heyduck
160 Seiten, 51 Farbfotos, 99 Zeichnungen, Beilagebogen

**Brigitte Kindersachen
Nr. 2 – selbstgemacht**
(für Kinder von 6 bis 11 Jahren)
Von Gundi Heine und Jutta Barthel. 160 Seiten, 45 Farbfotos, 108 Zeichnungen

Puppenmode
Von J. Barthel und G. Heine
160 Seiten, 40 Farbfotos

Brigitte Stricken
Grundkurs
Von K. Behrens und A. Heyduck
160 Seiten, 64 Farbfotos, 90 Zeichnungen

Brigitte Stricken No. 2
Aufbaukurs
Von K. Behrens und A. Heyduck
176 Seiten, 77 Farbfotos, 90 Zeichnungen, Beilagebogen

Brigitte Stricken No. 3
Plastische Muster
Von K. Behrens und A. Heyduck
160 Seiten, 57 Farbfotos, 96 Zeichnungen

Brigitte Stricken No. 4
Mehrfarbige Muster
Von K. Behrens und A. Heyduck
160 Seiten, 62 Farbfotos, 104 Zeichnungen

Brigitte Schönheit
Von Helga Haseltine
226 Seiten, 150 Farbfotos

**Das große
bunte Weihnachtsbuch**
Von Ilse Döring
204 Seiten, 130 Farbfotos

wer hat schon flügel
Gedichte von Anne Steinwart
96 Seiten, 10 Fotos

**Den Arm voller
Blumen für euch**
Gedichte, 96 Seiten

**Weil es nichts
Schöneres gibt**
Liebesgedichte
96 Seiten, 20 Zeichnungen

**Was noch vor
der Liebe kommt
Empfängnisverhütung**
Von Angelika Blume
Paperback, 288 Seiten, 20 Zeichnungen

**Die Regel
Eine herbeigeredete Krankheit**
Von Angelika Blume und Sylvia Schneider
Paperback, 256 Seiten, 8 Zeichnungen

Droge Glücksspiel
Von Ulla Fröhling
Paperback, 288 Seiten

Als Kind mißbraucht
Eine Dokumentation
von Angelika Gardiner-Sirtl
Paperback, 224 Seiten

Wege aus der Depression
Von Maggie Scarf
Paperback, 304 Seiten

Mädchen
Von Gerda Bödefeld
Paperback, 264 Seiten

Gleichberechtigt?
Von Angelika Gardiner-Sirtl
Paperback, 256 Seiten

Beruf: Sekretärin
Von Monika Held
Paperback, 248 Seiten

**Strategien für Frauen
im Beruf**
Von Janice LaRouche und Regina Ryan
Paperback, 325 Seiten

Wenn Sie mich so fragen
Rosemarie von Zitzewitz gibt Antworten auf Benimmfragen
Paperback, 288 Seiten